AF520402

कबीर नाम है–प्रेम का।
कबीर दर्शन है–एकता का, सद्भाव का।
कबीर विशेषण है–मस्त, फक्कड़ और निडर व्यक्ति का।
कबीर संगम है–दो संस्कृतियों का।
कबीर का संगम प्रयाग के संगम से ज़्यादा गहरा है।
वहाँ कुरान और वेद ऐसे खो गए हैं कि रेखा भी नहीं छूटी।
कबीर एक मार्ग है–सहजता का।
ऐसा मार्ग जो सीधा और साफ़ है।
कबीर क्रांतिकारी हैं–क्रांति की जगमगाती प्रतिमा।
जाति-पाँति के भेद-भावों से मुक्त एक सच्चा इंसान।
मानवता के संकल्प से ओतप्रोत।
ज्ञान की गंगा।
ऐसी गंगा, जो अपनी पावनता के साथ एक-एक मन को शीतल करती हुई निरंतर प्रवाहित रहती है।
कबीर समर्पण की सही पहचान है।
अहंकार से लाखों कोस दूर।
ऐसे सहज और क्रांतिकारी संत कवि महात्मा कबीर के जीवन और काव्य से परिचित कराने का संकल्प लेकर समर्पित है प्रस्तुत पुस्तक 'महात्मा कबीर'।

भारत के संत कवि

महात्मा कबीर

प्रस्तुति
डा. गिरिराजशरण अग्रवाल

डायमंड बुक्स

प्रकाशक : **डायमंड पॉकेट बुक्स (प्रा.) लि.**
X-30 ओखला इंडस्ट्रियल एरिया, फेज-II
नई दिल्ली-110020
फोन : 011-40712200
ई-मेल : wecare@diamondbooks.in
वेबसाइट : www.diamondbooks.in
संस्करण : 2025
मुद्रक : रेप्रो (इंडिया)

MAHATMA KABEER
by : Dr. Giriraj Sharan Agrawal

महात्मा कबीर

कबीर नाम है—प्रेम का।

कबीर दर्शन है—एकता का, सद्भाव का।

कबीर विशेषण है—मस्त, फक्कड़ और निडर व्यक्ति का।

कबीर संगम है—दो संस्कृतियों का।

कबीर का संगम प्रयाग के संगम से ज़्यादा गहरा है।

वहाँ कुरान और वेद ऐसे खो गए हैं कि रेखा भी नहीं छूटी।

कबीर एक मार्ग है—सहजता का।

ऐसा मार्ग, जो सीधा और साफ़ है।

टेढ़ी-मेढ़ी बात कबीर को पसंद नहीं।

इसलिए उनके रास्ते का नाम है—सहज योग।

पंडित नहीं चल पाएगा, इस मार्ग पर। निर्दोष चित्त, कोरा कागज़ जैसा मन ही चल पाएगा उस पर।

कबीर क्रांतिकारी हैं—क्रांति की जगमगाती प्रतिमा।

जाति-पांति के भेद-भावों से मुक्त एक सच्चा इंसान।

मानवता के संकल्प से ओतप्रोत।

ज्ञान की गंगा।

ऐसी गंगा, जो अपनी संपूर्ण पावनता के साथ एक-एक मन को शीतल करती हुई निरंतर प्रवाहित रहती है।

कबीर का जन्म कहाँ हुआ? उनके जन्मदाता कौन थे? उनके गुरु का नाम क्या था? इस संबंध में प्राप्त ऐतिहासिक तथ्यों में एकरूपता नहीं है।

इतिहासकार, साहित्यिक विद्वान् और कबीरपंथी भी एकमत नहीं।

कबीर के संबंध में निश्चित नहीं कि वे हिंदू थे या मुसलमान! हिंदुओं

को विश्वास है : हिंदू थे; मुसलमानों का दावा है : मुसलमान थे।

उनके जन्म के संबंध में कई प्रकार की किंवदंतियाँ प्रसिद्ध हैं :

लगभग छह सौ वर्ष पूर्व की घटना है।

नीरू अपनी पत्नी नीमा के साथ काशी की तरफ़ आ रहा था। उसी दिन उनका गौना हुआ था।

काशी का जुलाहा था नीरू।

रास्ते में लहरतारा तालाब पड़ता था। सोचा : हाथ-पैर धो लिए जाएँ।

तभी उसने किसी बालक के रोने की आवाज़ सुनी।

आस-पास उसकी पत्नी के अतिरिक्त कोई भी न था।

फिर आवाज़ कहाँ से आई!

जिज्ञासा हुई। चारों तरफ़ देखा। आवाज़ एक झाड़ी की तरफ़ से आ रही थी। उसी ओर भागा। देखा, वहाँ एक प्यारा-सा बच्चा पड़ा था। इतना छोटा जैसे कुछ देर पहले ही जन्मा हो।

इतना प्यारा बच्चा नीरू जुलाहे ने कभी देखा नहीं था।

उसकी आँखें ऐसी थीं जैसे मणि।

ऐसी रोशनी थी उसकी आँखों में कि आँखें चौंध से भर उठीं।

नीमा डरी कि कुछ झंझट होगा। लोग क्या कहेंगे! अपवाद होगा। मगर जब उसने बच्चे को देखा तो उसका दिल भी डोल गया।

अंत में, उन लोगों ने लोकलाज की परवाह नहीं की। वे बच्चे को अपने साथ ले आए।

काशी में जो मुहल्ला कबीरचौरा के रूप में आज प्रसिद्ध है, उसी में संभवत: नीरू का घर था।

वे घर पहुँचे। अपने रिवाज के अनुसार बच्चे का नामकरण करने के लिए उन्होंने क़ाज़ी को बुलाया। उसने कुरान खोला। कहते हैं कि उसमें हर जगह कबीर, कुब्रा, अकबर आदि शब्द मिले।

अरबी में ये शब्द महान् परमात्मा के लिए आते हैं।

क़ाज़ी हैरान था।

साधारण जुलाहे के बच्चे को किस तरह परमात्मा का नाम दिया जाए?

अपना शक् मिटाने के लिए उसने कई बार कुरान देखा।

उसे हर बार वही शब्द मिले।

यह समाचार पाकर कई क़ाज़ी इकट्ठा हो गए।

आख़िर उन्होंने नीरू को सलाह दी–इस बच्चे का कत्ल कर दे, नहीं तो इसके कारण कोई बड़ी आफ़त आने वाली है।

नीरू-नीमा इतना क्रूर कर्म न कर सके। इस प्रकार बच्चे का नाम कबीर पड़ गया।

यही बच्चा, जिसके असली माँ-बाप का पता दुनिया को आज तक नहीं ज्ञात हुआ, आगे चलकर भारत का महान् संत कबीर हुआ।

कबीर के जन्म को लेकर एक किंवदंती हिंदू-समाज में भी प्रचलित है।

एक दिन एक ब्राह्मण अपनी विधवा कन्या के साथ स्वामी रामानंद के दर्शनों के लिए गया।

पिता के साथ ही कन्या ने भी रामानंद के चरण स्पर्श किए।

रामानंद अपनी मस्ती में थे।

उन्हें ध्यान ही नहीं रहा कि चरण कौन छू रहा है?

अचानक उनके मुँह से निकला–'पुत्रवती भव!'

आशीर्वाद दे दिया कि 'पुत्रवती होओ'।

महात्मा जी का आशीर्वाद असत्य नहीं हो सकता था।

कुछ समय बाद उसके गर्भ से एक पुत्र ने जन्म लिया।

लोक-लाज स्वाभाविक थी।

ब्राह्मणी ने मन को कड़ा किया और बच्चे को लहरतारा तालाब के किनारे छोड़ दिया।

इस बालक को ही नीरू और नीमा ने लहरतारा के किनारे से पाया था।

ऐसा लगता है कि कबीर हिंदू घर में पैदा हुए और मुसलमान-घर में पले। इसमें एक अपूर्व संगम हुआ, एक अपूर्व समन्वय हुआ।

'कबीर में हिंदू और मुसलमान संस्कृतियाँ जिस प्रकार ताल-मेल खा गईं, इतना तालमेल गंगा और यमुना में, प्रयाग में भी नहीं मिलेगा; दोनों का जल अलग-अलग मालूम होता है। कबीर में जल ज़रा भी अलग-अलग मालूम नहीं होता।'

तीसरी कहानी और अधिक रोचक है।

एक पुराणपंथी कहानी की तरह।

इसके अनुसार कबीर साहब शुकदेव जी के अवतार थे।

कहा जाता है कि महादेव की आज्ञा से शुकदेव जी लोककल्याण के लिए पृथ्वी पर आए।

पूर्वजन्म में वे बारह वर्ष तक गर्भवास का दु:ख भोग चुके थे। इसलिए इस बार गर्भवास से बचने के लिए उन्होंने अपने को एक सीपी में बंद कर लिया और उसे गंगा के किनारे बहाव में छोड़ दिया।

यही सीपी बहते-बहते लहरतारा तालाब में पहुँच गई और दैवयोग से वहीं एक कमल के पत्ते पर खुल गई।

इसमें एक सुंदर बालक प्रकट हुआ।

यही बालक आगे चलकर कबीर के नाम से प्रसिद्ध हुआ।

कबीर के जन्म के संबंध में जितनी कथाएँ ज्ञात हैं, उन सबको मिलाकर यही कहा जा सकता है कि इन महात्मा को जन्म देने वालों का पता किसी को नहीं है।

कबीर का जन्म किस सन् में, किस तिथि को हुआ, इसे भी ठीक-ठीक बता पाना बहुत कठिन है।

उनकी जन्मतिथि के संबंध में एक छंद बहुत समय से प्रचलित है—

चौदह सौ पचपन साल गए,
चंद्रवार इक ठाठ ठए।
जेठ सुदी बरसायत को,
पूरनमासी प्रकट भए।

अर्थात् विक्रम के 1455 साल व्यतीत होने पर, सोमवार को जेठ की पूनो, वटसावित्री के पर्व पर कबीर साहब प्रकट हुए थे।

वटसावित्री या बरसायत के दिन कबीरपंथी अब भी कबीर साहब का जन्मदिन मनाया करते हैं।

कुछ विद्वानों ने गणना करके पता लगाया कि सोमवार को जेठ पूनो संवत् 1455 में नहीं बल्कि 1456 में पड़नी चाहिए।

इसलिए '1455 साल गए' का अर्थ यह भी हो सकता है कि 1455 वाँ संवत् बीत जाने पर अर्थात् सं. 1456 में कबीर का जन्म हुआ होगा।

कबीर के जन्मस्थान के संबंध में भी तीन मत हैं : मगहर, काशी और आजमढ़ में बेलहरा गाँव।

मगहर के पक्ष में यह तर्क दिया जाता है कि कबीर ने अपनी रचना में वहाँ का उल्लेख किया है : 'पहिले दरसन मगहर पायो पुनि कासी बसे आई' अर्थात् काशी में रहने से पहले उन्होंने मगहर देखा। मगहर आजकल की वाराणसी के निकट है और वहाँ कबीर का मकबरा भी है।

कबीर का अधिकांश जीवन काशी में व्यतीत हुआ। वे 'काशी के जुलाहे' के रूप में ही जाने जाते हैं। कई बार कबीरपंथियों का भी यही विश्वास है कि कबीर का जन्म काशी में हुआ। किंतु किसी प्रमाण के अभाव में निश्चयात्मकता अवश्य भंग होती है।

बहुत से लोग आजमगढ़ जिले के बेलहरा गाँव को कबीर साहब का जन्मस्थान मानते हैं।

वे कहते हैं कि 'बेलहरा' ही बदलते-बदलते 'लहरतारा' हो गया।

फिर भी पता लगाने पर न तो बेलहरा गाँव का ठीक पता चल पाता है और न यही मालूम हो पाता है कि 'बेलहरा' का 'लहरतारा' कैसे बन गया और वह आजमगढ़ जिले से काशी के पास कैसे आ गया?[1]

आजमगढ़ जिले में कबीर, उनके पंथ या अनुयायियों का कोई स्मारक नहीं है।

कबीर बड़े होने लगे।

अपनी अवस्था के बालकों से एकदम भिन्न।

खेल में कोई रुचि नहीं।

मदरसे भेजने लायक साधन पिता-माता के पास नहीं थे।

जिसे हर दिन भोजन के लिए ही चिंता रहती हो, उस पिता के मन में कबीर को पढ़ाने का विचार भी न उठा होगा।

यही कारण है कि वे किताबी विद्या प्राप्त न कर सके। उन्होंने स्वीकार किया—

मसि कागद छूयो नहीं, कलम गही नहिं हाथ।

किंतु किताबी विद्या ही सब कुछ नहीं होती।

---

1. कबीर : डा. पारसनाथ तिवारी, पृ. 8

जिसमें आभा नहीं, भावुकता नहीं, कार्य करने की शक्ति नहीं, वह तो पुस्तक पढ़कर भी मूर्ख बना रहेगा।

सब जानते हैं कबीर ज्ञान के भंडार थे।

प्रतिभा के सागर थे।

भावुकता के स्रोत थे।

वे बचपन से ही राम-भक्ति का अमृतरस छककर पी रहे थे।

जुलाहा परिवार में पलने वाले बालक पर मुसलमानी रहन-सहन, आचार-व्यवहार का प्रभाव पड़ना चाहिए था, किंतु वे हिंदुओं की भाँति कंठी-माला धारण करते, तिलक लगाते और राम-नाम का जाप करते।

कबीर ने अनुभव किया कि ज्ञान की परिपक्वता के लिए गुरु आवश्यक है।

परंतु गुरु का महान् पद किसे दिया जाए? कौन गुरुमंत्र देगा!

काशी में उन दिनों सबसे प्रसिद्ध वैष्णव आचार्य स्वामी रामानंद थे। कबीर के मन में उन्हीं से दीक्षा लेने की इच्छा जाग्रत हुई।

लेकिन इसमें एक बाधा थी।

वैष्णव आचार्य एक जुलाहे को कैसे दीक्षा दे सकता था?

उस बाधा को दूर करने के लिए कबीर ने एक उपाय सोचा।

स्वामी जी प्रतिदिन धुँधलके में ही अपने सेवकों के साथ गंगास्नान के लिए जाया करते थे।

कबीर प्रातःकाल चार बजे से पहले ही गंगा जी की सीढ़ियों पर जाकर लेट गए।

स्वामी रामानंद गंगा में स्नान करके सीढ़ियाँ चढ़ रहे थे। तभी उनका पैर किसी से टकराया। वे क्षणभर ठिठके और 'राम-राम' कहकर अपना पैर हटा लिया।

कबीर ने इसी 'राम-राम' को गुरुमंत्र स्वीकार किया।

अब वे गुरु-हीन नहीं थे।

उन्होंने उस समय के प्रसिद्ध आचार्य को अपना गुरु बनाया था।

वे महान् गुरु के शिष्य थे।

लोगों ने सुना कि स्वामी जी ने एक जुलाहे कबीर को अपना शिष्य

बना लिया है। वे ईर्ष्या से जल उठे।

लोगों ने जाकर रामानंद जी से पूछा, 'महाराज, आपने जुलाहे को भी अपना शिष्य बनाया है?'

स्वामी जी ने उत्तर दिया, 'भाई, हमने तो उसे शिष्य बनाया नहीं है।'

उपस्थित व्यक्तियों ने कहा, 'महाराज, वह तो शहर-भर में यही कहता फिरता है कि मैं स्वामी रामानंद जी का शिष्य हूँ।'

स्वामी जी आश्चर्यचकित थे। यह कैसे हो सकता है? मैंने तो किसी जुलाहे कबीर को दीक्षा नहीं दी।

दूसरे दिन स्वामी जी ने कबीर को बुलाया और पूछा, 'क्यों भाई! मैंने तुम्हें शिष्य कब बनाया? कब मंत्रोपदेश दिया?'

कबीर ने विनम्रता के साथ उत्तर दिया, 'गुरुदेव! अन्य लोगों को तो आप कान में ही मंत्रोपदेश देते होंगे। मुझे तो आपने मस्तक पर पैर रखकर मंत्रोपदेश दिया था।'

इतना कहकर कबीर ने गंगाघाट का सारा वृतांत कह सुनाया।

शिष्य की अगाध निष्ठा और अविरल भक्ति देखकर गुरु गद्गद् हो उठे।

शिष्य ने अपना शिष्यत्व प्रकट कर दिया था।

गुरु का स्नेह छलक उठा।

उन्होंने अपने प्रिय शिष्य को हृदय से लगा लिया।

कबीर के काल में भारत पर मुसलमानों का राज्य था।

हिंदुओं के ऊपर तरह-तरह के अत्याचार हुआ करते थे।

ऐसी दशा में दोनों जातियों में पारस्परिक प्रेम के स्थान पर घृणा ही अधिक व्याप्त थी।

स्वाभाविक था कि मुसलमान परिवार के बालक को राम-राम कहते देखकर बिरादरी वाले उलझन में पड़ते। मुसलमान उनकी हरकतों को देखकर खीज से भर उठते। वे कहते, 'यह लड़का बड़ा काफ़िर होगा।'

कबीर इसका जवाब इस तरह देते : काफ़िर वह है, जो पराया धन लूटता है, ढोंग बनाकर दुनिया को ठगता है, बेकसूर जीवों का वध करता है।

एक पद में उन्होंने काज़ी से कहा है–

तुम कुरान का बाहरी ढकोसला छोड़कर राम का भजन करो, नहीं तो भारी जुल्म करोगे। मैंने तो राम का ही आसरा पकड़ा है, भले ही लोग मुझे समझाते-समझाते हार जाएँ।[1]

कबीर परम वैरागी थे।

सांसारिक माया-मोह से उन्हें कोई वास्ता न था।

धन-संपत्ति उनके लिए व्यर्थ थे।

फिर भी वे गृहस्थ संन्यासी[2] के रूप में जीवन-निर्वाह करते रहे : व्यवसाय व कार्य से जुलाहे का जीवन।

यही उनकी जीविका का साधन था।

वे कपड़ा बुनकर उसे बाज़ार में बेचने जाते और उसमें जो भी लाभ होता, उससे अपना और अपने परिवार का जीवन-निर्वाह किया करते थे।

उसी से भक्तों की भी सेवा करते।

एक दिन एक नई घटना घटी।

एक ग़रीब ब्राह्मण बाज़ार में ही उनके पास पहुँचा।

उसकी स्थिति उसकी दरिद्रता को बताने के लिए पर्याप्त थी।

उसने दीनभाव से अपना तन ढकने के लिए उनसे कपड़ा माँगा।

कबीर ने उसकी वाणी में छिपी दीनता को समझा।

वे बोले, 'मैं तुम्हें आधा थान दे सकता हूँ। आज आधे से ही परिवार का खर्चा चला लूँगा।

उतने से ब्राह्मण को संतोष नहीं हुआ।

---

1. छाँड़ि कतेंब रांम भजु बौरे, जुलुम करत है भारी।
   कबीरै पकड़ी टेक रांम की, तुरुक रहे पचि हारी।

2. तननां बुननां तज्यौ कबीर,
   रांम-नांम लिखि लियौ सरीर।
   मुसि मुसि रोवै कबीर की माई,
   यह बारिक कैसे जीवै खुदाई।
   जब लगी तागा बाहीं वेही,
   तब लगि बिसरै राम सनेही।
   कहत कबीर सुनहु मेरी माई,
   पूरनहारा त्रिभुवनराई।

उसने पूरा थान दे देने की साग्रह विनती की।

कबीर को दया आ गई।

उस दिन का सारा वस्त्र उन्होंने दान कर दिया।

लेकिन घरवालों को क्या खिलाएँगे?

यह समस्या उनके सामने खड़ी थी।

शर्म के कारण घर जाने का साहस न हुआ।

वे आस-पास ही कहीं छिपे बैठे रहे।

सारा दिन बीत गया। घर के लोग भूख के मारे तड़पने लगे।

उसी समय एक अचंभा हुआ।

एक आदमी बैल पर खाने-पीने की चीज़ें लादकर लाया और ज़बरदस्ती कबीर के घर डाल गया।

नीमा आश्चर्यचकित थी।

उसे अपने बेटे के स्वभाव का पता था। कोई लाख रुपए भी दे लेकिन वह अपने परिश्रम के अलावा एक पैसा नहीं लेता था।

नीमा ने पूछा, 'कहाँ से लाए ये सामान?'

उस आदमी ने बताया, 'विश्वनाथ जी का दर्शन करने एक राजा आया हुआ है। तुम्हारे बेटे पर प्रसन्न होकर उसने बहुत-सा धन दिया। तुम्हारे बेटे ने तो एकदम इंकार ही कर दिया।

तब राजा ने बड़ी विनती करके खाने-पीने का यह सामान भिजवाया है। आप इसे स्वीकार कीजिए। घड़ी-भर बाद आपका बेटा भी आता होगा।'

इतना कहकर वह आदमी अपना भेद बताए बिना चला गया।

नीमा को विश्वास हो गया। संभव है यही बात सच हो।

लोग कबीर को खोजने निकले और उन्हें यह ख़बर दी।

वे तो आज का सारा कपड़ा दान दे चुके थे।

घरवालों को खिलाने के लिए उनके पास कुछ न था।

घर पहुँचे।

नीमा ने सारा हाल कह सुनाया।

कबीर को मन-ही-मन विश्वास हो गया : दयालु परमात्मा के अतिरिक्त दूसरा कौन ऐसा कर सकता है?

इससे उनके आत्मबल में और अधिक वृद्धि हुई।

अब तो वे ताना-बाना पूरी तरह भूल गए। हरिभक्ति ही उनका एकमात्र आधार बन गई।

कबीर की यश-गाथा अपने पंख फैला रही थी। जनसामान्य में उनके प्रति श्रद्धा और आदर का भाव बढ़ रहा था। जनता उनके दर्शनों के लिए उत्सुक रहती थी।

पूरी काशी कबीरमय हो रही थी।

कबीर राममय हो रहे थे।

एक जुलाहे का इतना आदर और सम्मान हो, यह बात न तो ब्राह्मणों को अच्छी लगी और न शहर क़ाज़ी को।

वे ईर्ष्या में जलने लगे।

सभा में निर्णय लिया गया कि कबीर को काशी से बाहर निकाल दिया जाए।

निर्णय की घोषणा कर दी गई।

इस निर्णय से भक्तजन दु:खी थे। किंतु उनकी बात कौन सुनता!

तमाशा देखने के लिए नगर की भीड़ टूट पड़ी।

कुछ ब्राह्मण कबीर के पास पहुँचे और आक्रोश प्रकट करने लगे। कबीर ने सबको आदर से बैठाया। विनम्रता के साथ पूछा, 'पधारने की कृपा किसलिए की?'

ब्राह्मण बोले, 'तुम्हें आज ही काशी नगरी को छोड़ना होगा।'

'मेरा क्या अपराध है? आपके क्रोध का कारण क्या है?' कबीर ने पूछा।

'हम सबका यही निर्णय है।' ब्राह्मण समुदाय ने कहा।

कबीर बोले, 'न तो मैंने किसी का कुछ चुराया है और न किसी की बेइज़्ज़ती की है। राम का नाम जपता हूँ। मेरा अपराध बताएँ।'

ब्राह्मण क्रोधपूर्वक कहने लगे, 'तुमने भोज दिया। शूद्रों को भोजन कराया। हम लोगों को पूछा तक नहीं। इसका प्रायश्चित यही है कि या तो हमारा भोज करो अथवा इस नगरी को छोड़कर चले जाओ।

यह तो घोर अन्याय था।

कबीर के घर तो अन्न का दाना भी नहीं था।

उन्होंने तो सब कुछ ग़रीबों में बाँट दिया था।

अब वे इतने लोगों के लिए अन्न की व्यवस्था कहाँ से करें!

ब्राह्मणों को भूखा भेजना भी अधर्म था।

उन्होंने व्यवस्था करने का आश्वासन दिया और वहाँ से चले आए। ब्राह्मण कबीर के घर के बाहर एकत्र थे :

'देखा जाएगा, कभी तो लौटकर आएगा ही।'

'बहुत बड़ा भक्त बनता है।'

'आज असलियत का पता चलेगा।' ब्राह्मणों ने विचार प्रकट किए।

तभी किसी ने देखा, 'एक व्यक्ति कई मजदूरों के साथ उसी ओर आ रहा था। सबके सिरों पर सामान लदा था।

मैदा, चावल, शक्कर की बोरियाँ घर के आगे उतारकर रख दी गईं।

ब्राह्मणों में खलबली मच गई।

सबको ढाई-ढाई सेर सामग्री देकर विदा कर दिया गया। प्रत्येक के मुँह से एक ही स्वर फूट रहा था : 'धन्य-धन्य'।

तभी एक ब्राह्मण कबीर को खोजता हुआ उनके पास पहुँचा। कबीर अपना मुँह छिपाए हुए बैठे थे।

ब्राह्मण बोला, 'तुम यहाँ बैठे हो। वहाँ सभी ब्राह्मणों और संन्यासियों को भोजन-सामग्री बाँटी जा रही है।'

'कहाँ भाई! कुछ तो बताओ।' कबीर ने आश्चर्य के साथ पूछा।

'अब बात न बनाओ कबीर साहब! सामान तो घर भिजवा दिया और खुद यहाँ बैठे हो।' ब्राह्मण ने उत्तर दिया। 'देखते नहीं, मैं स्वयं आपके घर से यह गठरी बाँधकर ला रहा हूँ।'

कबीर चुपचाप सुनते रहे।

राम का चमत्कार यह प्रत्यक्ष देख रहे थे।

क्या अभी भी कुछ शेष था।

मन-ही-मन बोले, 'मेरा कर्त्ता महान् है। उसके बिना यह आदर कौन दे सकता है?'

ब्राह्मण कबीर के सम्मुख नतमस्तक हो गए थे।

किंतु क़ाज़ी था कि ईर्ष्या से जला जा रहा था।

उपयुक्त अवसर की खोज में था कि कब कबीर से बदला लिया जाए।

आख़िर वह दिन भी आ पहुँचा।

उन्हीं दिनों काशी में सिकंदर लोदी का आगमन हुआ।

लोदी वंश का यह सुल्तान दिल्ली की गद्दी पर विराजमान था।

सिकंदर लोदी अत्याचारी तो था किंतु ख़ुदा और धर्म से डरने वाला था। बनारस का क़ाज़ी और वहाँ के मुल्ला मौक़ा पाकर उसके कान भरने लगे–

'कबीर किसी को कुछ नहीं समझता। सभी को गालियाँ देता है। बड़ा ही घमंडी है। इस जुलाहे ने बड़ा ही तूफ़ान खड़ा कर रखा है। मुसलमानों के रीति-रिवाज छोड़ दिए हैं। वह तो खुद ख़ुदा बनने का दावा करता है।'

ब्राह्मणों ने भी इसे उचित अवसर समझा। वे भी शिकायत लेकर पहुँच गए।

'वह तीर्थ और वेद की निंदा करता है। व्रत-उपवास को बेकार की वातें बताता है। हिंदू और तुर्क दोनों से अलग अपनी रीति चलाता है। आप ही हमारे माता-पिता हैं। आप हमारी रक्षा करें।'

सिकंदर लोदी ने सोचा, 'यह अजीब फ़क़ीर है, जो न तो किसी मस्जिद में जाता है और न किसी मंदिर में जाने को अच्छा समझता है।'

बादशाह ने तुरंत दो सिपाहियों को भेजा और कबीर को दरबार में हाजिर होने का हुक्म दिया।

कबीर आए।

आराम से बादशाह के सामने खड़े हो गए।

चेहरे पर किसी प्रकार का डर नहीं था।

यह भी नहीं पूछा, 'क्या बात है?' बस खड़े रहे।

क़ाज़ी ने कहा, 'बादशाह को सलाम कीजिए।'

कबीर ने ऐसा नहीं किया।

बादशाह गुस्से से भर उठा।

सुलतान के गुस्से को भाँपकर क़ाज़ी ने कहा–

'तू काफ़िर है। तू हमारे धर्म के ख़िलाफ़ प्रचार करता है। तू मुसलमान और हिंदू दोनों को गालियाँ देता है। तेरे चेले भी यही सब करते हैं। इन शिकायतों की सफ़ाई में कुछ कहना है?'

'नहीं।'

दरबार में सन्नाटा छा गया।

सभी की आँखें सुलतान की ओर थीं।

कबीर के विरोधी मन-ही-मन खुश थे। अब तो इसे मौत की सज़ा मिलेगी।

सिकंदर लोदी को भी कम आश्चर्य नहीं था। उसने ऐसे फ़क़ीर को कभी देखा न था। उसने पूछा, 'तुम अपना जुर्म मानते हो?'

'अगर किसी के दुर्गुण को दुर्गुण कहना बुराई है तो मैं ऐसा जुर्म करता हूँ और बार-बार करता रहूँगा। हिंदू और मुसलमान दोनों धर्मों को मानने वालों में ऐसी बहुत-सी बुराइयाँ हैं, जिन्हें दूर करना ज़रूरी है। मैं यदि उनकी चर्चा करता हूँ तो मुझ पर दोष लगाया जाता है।' कबीर ने निर्भीकता के साथ कहा।

'अपनी बात को साफ़ तौर से बताओ।' बादशाह ने हुक्म-भरे लहजे में कहा।

सुनिए, कबीर ने कहा-

यह सब झूठी बंदगी, बिरथा पंच निबाज,
साँचै मारै झूठि पढ़ि, क़ाज़ी कैर अकाज।

कबीर ने केवल क़ाज़ी को ही नहीं, मुल्ला को भी खरी-खरी सुनाते हुए, कहा-

काज़ी मुल्ला भरमिया, चल्या दुनी के साथ,
दिल थै दीन बिसारिया, करद लई जब हाथ।

कबीर की वाणी में स्पष्टता थी।

जो कुछ भी मन में था, वह सब कुछ प्रकट था।

कुछ भी तो नहीं छिपाया गया था।

अब इसे स्पष्टवादिता कहो अथवा दोष बताओ।

कबीर पर किसी प्रकार का बोझ नहीं था।

उन्होंने बताया, 'मुझे हिंदुओं और तुर्कों से कुछ लेना-देना नहीं है। गुरु के प्रताप से राम की भक्ति करता हूँ और उसी के गुण गाता हूँ। राम के भरोसे रहकर मैं राजा या रंक सबको एक बराबर मानता हूँ।

क़ाज़ी ने कबीर की बात सुनी और फ़ैसला दिया-'कबीर ने इस्लाम

की निंदा की है। वह काफ़िर है। उसकी माला छीन लो, तिलक मिटा दो। इसकी सज़ा है कि इसे पत्थरों से पीट-पीटकर मार दिया जाए।'

कबीर ने कहा, 'काफ़िर मैं नहीं, तुम हो। कौन-सी पुस्तक में गोकशी करने, मुर्ग़ा और बकरा काटने की आज्ञा दी गई है?'

यह सुनते ही बादशाह क्रोध से पागल हो उठा। उसने आज्ञा दी, 'इस फ़क़ीर के हाथ-पैर बाँधकर इसे गंगा में फेंक दिया जाए।'

जल्लादों ने बादशाह के हुक्म का पालन किया।

किंतु पानी में डालते ही कबीर की ज़ंजीरें टूट गईं। वे जल के ऊपर तैरने लगे।

लोगों ने कहा, 'लगता है, यह कोई जादू-टोना जानता है।'

दूसरी बार उनके हाथ-पैर बाँधकर एक घर के अंदर डाल दिया गया। घर के चारों ओर आग लगा दी गई।

मकान जलकर राख हो गया। राख तक हवा में उड़ गई।

किंतु कबीर का बाल भी बाँका न हुआ।

सिकंदर का क्रोध अब तक शांत नहीं हुआ था। कबीर की मौत उसके अहंकार को शांत करने के लिए आवश्यक थी।

उसने आज्ञा दी—

'कबीर के हाथ-पैर बाँधकर उसे मदमस्त हाथी के सामने डाल दिया जाए।'

आज्ञा का पालन किया गया।

हाथी भी ऐसा कि अपनी छाया को भी जीव समझकर कुचलता रहता था। ऐसा बिगड़ैल हाथी कबीर के सामने छोड़ दिया गया।

लेकिन लोग अचंभे से भरे-के-भरे रह गए।

हाथी ने कबीर की ओर देखा और देर तक उन्हें निहारता रहा। ऐसा लग रहा था जैसे उसके सामने कोई शेर खड़ा हो।

आख़िर वह दहाड़ता हुआ वहाँ से भाग खड़ा हुआ।

कबीर के पद इस बात का प्रमाण हैं कि उन पर इस प्रकार के अत्याचार अवश्य किए गए होंगे और ईश्वर की कृपा ने उनकी रक्षा की होगी।

गंगा में फेंके जाने के प्रमाणस्वरूप निम्नलिखित पद प्रस्तुत किया जाता है—

मन न डिगै तनु काहे को डेराइ।
चरन-कमल चितु रह्यौ समाइ।
गंग गुसाइनि गहिर गंभीर।
जंजीर बाँधि करि खरे कबीर।
गंगा की लहर मेरी टुटि जंजीर।
म्रिगछाला पर बैठे कबीर।
कहै कबीर कोई संग न साथ।
जल थल में राखै रघुनाथ।

हाथी के सामने फेंके जाने की घटना के संबंध में कबीर की निम्नलिखित पंक्तियाँ स्वयं प्रमाण हैं–

आहि मेरे ठाकुर तुम्हरा जोर।
काजी बाकिबो हस्ती तोर।
भुजा बाँधि मिला करि डार्यौ।
हस्ती कोपि मूँड महि मार्यौ।
भाग्यौ हस्ती चीसा मारी।
या मूरति की हौं बलिहारी।

दूसरे फ़कीरों और संन्यासियों की अपेक्षा कबीर का रास्ता बिलकुल अलग था।

वे केवल अध्यात्म और मोक्ष की साधना में ही नहीं लगे रहे। समाज में फैली बुराइयों और विडंबनाओं को दूर करने का संकल्प भी उन्होंने लिया।

ऐसा करने में अनेक स्थानों पर वे कठोर भी हो गए हैं।

उनका विचार था कि समाज की बुराइयों को दूर करने के लिए व्यक्ति-व्यक्ति को सुधारना होगा।

कबीर का युग पराधीनता का युग था।

वर्ग-विद्वेष समाज के रक्त में मिल चुका था।

अवर्ण-सवर्ण की खाई बढ़ती जा रही थी।

मंदिरों में पूजा, भक्ति, अर्चन और ज्ञानोपार्जन शूद्रों के लिए वर्जित कर दिया गया था।

कबीर की आत्मा इस पारस्परिक दुर्व्यवहार से आहत हो गई। अस्पृश्यता के इस कलंक को मिटाने के लिए उन्होंने घोर संघर्ष किया!

उन्होंने घोषणा की कि जन्म से ही कोई शूद्र अथवा श्रेष्ठ नहीं हो सकता। यह सब तो मनुष्य के स्वार्थ की करामात है–

हम तुम्ह माँहि एकै लौहू,
एक पांनि जीवन है मौहू।
एकहि जननी जन्यां संसारा,
कौन ग्यांन से भये निनारा।

सबके अंदर एक ही रंग का रक्त प्रवाहित है। सबमें समान प्राण व्याप्त हैं। सबको एक प्रकृति ने पैदा किया है। फिर कोई अलग-अलग, ऊँचा-नीचा कैसे हो सकता है?

इसीलिए कबीर ने कहा कि हमें पारस्परिक भेदभाव का त्याग करना होगा। मिल-जुलकर रहना सबका कर्त्तव्य है। इसी में सबका कल्याण है–

सर्वभूत एके करि जान्यां, चूक वाद-विचारा।
कहि कबीर में पूरा पाया, भये राम परसारा।

कबीर का मन दुःखी था ऊँच-नीच की भावना से।

कबीर के हृदय में एक पीड़ा और भी थी।

सांप्रदायिक वैमनस्य ने समाज को क्षत-विक्षत कर दिया था।

हिंदू और मुसलमान दो ऐसे संप्रदाय थे, जिनमें हमेशा तनाव बना रहता था। कबीर ने सांप्रदायिक एकता स्थापित करने का अथक् प्रयास किया।

उन्होंने समझाया–मंदिर, मूर्ति और मसजिद को लेकर झगड़ा करना व्यर्थ है। ईश्वर तो एक ही है, चाहे उसे किसी भी नाम से पुकारा जाए। उसे किसी एक स्थान में खोजना मोटी बुद्धि का काम है–

जौ र खुदाय मसीति बसत है,
और मुलिक किस केरा।
तीरथ मूरति राम निवासा,
दुहु मैं किनहूँ न हेरा।

'तुम परमात्मा के हो सकते हो, यह बात तो समझ में आती है, लेकिन तुम उलटा काम करते हो, तुम परमात्मा को अपना बना लेते हो। परमात्मा के हो जाओ, क्योंकि तुम बूँद हो, वह सागर है; समर्पण कर दो अपना। लीन हो जाओ विराट् में। यह बात समझ में आती है।

लेकिन लीन तो कोई नहीं होता; लोग उलटे परमात्मा पर ही कब्ज़ा कर लेते हैं। बूँद सागर पर कब्ज़ा कर रही है। परिणामतः 'हिंदू कहत है राम हमारा, मुसलमान रहमाना।'

परमात्मा तो तुम्हारा रक्षक है किंतु तुम हो कि परमात्मा की रक्षा की दावेदारी कर रहे हो, कहीं मुसलमान आकर मंदिर की मूर्ति न तोड़ दे; कहीं मसजिद में कोई हिंदू आग न लगा दे; कहीं क़ुरान का कोई अपमान न कर दे; कहीं गीता का कोई विरोध न कर दे।

तुम परमात्मा की रक्षा में जुट जाते हो।

इस प्रकार, जैसे तुम्हारा परमात्मा बड़ा असहाय है।

अगर तुम नहीं हो तो परमात्मा का क्या होगा।

जगह-जगह कुटेगा, पिटेगा; लोग आएँगे, मारेंगे, काटेंगे, तोड़ेंगे। तुम ही उसे बचा सकते हो।

हिंदुओं और मुसलमानों की इस अज्ञानता पर कबीर ने ढार-ढार आँसू बहाए हैं। उन्होंने स्पष्ट रूप से कहा है कि न तो हिंदू के हृदय में दया है और न मुसलमान के मन में मेहर है। दोनों की करुणा समाप्त हो गई है। दोनों का प्रेम चूक गया है। किंतु खेद तो यह है कि दोनों ही खुद को समझदार और सयाना समझते हैं–

साधो देखो जग बौराना।
साँची कहौ तो मारन धावै, झूठे जग पतियाना।
हिंदू कहत है राम हमारा, मुसलमान रहमाना।
आपस में दोउ लड़े मरतु हैं, मरम कोई नहिं जाना।
बहुत मिले मोहि नेमी धरमी, प्रात करैं असनाना।
आतम छोड़ि पखाने पूजैं, तिनका थोथा ग्याना।
पीपर-पाथर पूजन लागे, तीरथ-वर्त भुलाना।
माला पहिरे टोपी पहिरे, छाप-तिलक अनुमाना।
साखी सबदै गावत भूलै, आतम खबर न जाना।
घर-घर मंत्र जो देत फिरत है माया के अभिमाना।
गुरुवा सहित सिष्य सब बूड़े, अंतकाल पछताना।
बहुतक देखे पीर औलिया, पढ़ै किताब कुराना।
करै मुरीद कबर बतलावै, उनहुँ खुदा न जाना।
हिंदू की दया मेहर तुरकन की, दोनों घर से भागी।

वह करै जिबह वाँ झटका मारै, आग दोउ घर लागी।
या विधि हँसी चलत है हमको, आप कहावै सयाना।
कहै कबीर सुनो भई साधो, इनमें कौन दिवाना।

कबीर ने साफ-साफ कहा–

सांप्रदायिक व्यक्ति धर्म को नहीं जानता। वह कभी जान ही नहीं सकता।

जिन्हें धर्म को जानना है, उन्हें सब प्रकार के संप्रदायों से मुक्त होना होगा।

उस परमात्मा की खोज कहीं और करने की आवश्यकता नहीं। वह तो तुम्हारे अंदर विद्यमान है। मृग की नाभि में कस्तूरी की तरह–

कस्तूरी कुंडल बसै, मृग ढूँढ़ै वन मांहि।
ऐसे घट-घट राम हैं, दुनिया देखै नाहिं।

कबीर को ऐसे कृत्यों को देखकर आश्चर्य होता है, जो जीव-हिंसा तक को धर्म कहते हैं। यदि हिंसा ही धर्म है तो अधर्म क्या है? कबीर का कथन है–

जीव बधत अरु धरम कहत हो,
अधरम कहाँ है भाई।
आपन तो मुनिजन कह बैठे,
कासन कहौं कसाई।

कबीर का धर्म प्रेम का धर्म है।

कबीर का दर्शन मानवता का दर्शन है।

कबीर की विचारधारा ममत्व से परिपूर्ण है।

वहाँ पोथी-ज्ञान व्यर्थ है।

प्रेम का झर-झर झरता झरना उनके विचारों के बीच प्रवाहित है।

वे तो प्रेम के ढाई आखर को सब कुछ मानते हैं।

इसीलिए तो कबीर ने कहा–

पोथी पढ़ि-पढ़ि जग मुआ, पंडित भया न कोय।
ढाई आखर प्रेम का, पढ़ै सो पंडित होय।

जो साधक संपूर्ण जीवों के प्रति आत्मीय एकता स्थापित कर लेता है,

वही सब प्रकार के आनंद पाता है, मुक्तानंद अवस्था का आनंद उसे ही प्राप्त होता है। उस अवस्था का वर्णन नहीं किया जा सकता। कबीर की वाणी में–

अकथ कहांणी प्रेम की, कछू कही न जाय।
गूँगे केरी सर करा, बैठे ही मुसकाई।

ज्यों की त्यों धर दीनी चदरिया

कबीर ने स्वीकार किया है; 'जो पहिरा सो फाटिसी, नाम धरा सो जाइ'। अर्थात् जो कपड़ा पहना जाता है, वह कभी-न-कभी फटता जरूर है।

इसी प्रकार आत्मा भी शरीर रूपी जो चोला पहनती है, वह भी समय आने पर पंचतत्त्व में विलीन हो जाता है।

कबीर ने अनुमान किया कि उनका अवसान-काल समीप है। अब इस शरीर को त्यागना होगा। आत्मा को परमात्मा में लीन करने का समय आ गया था।

वे काशी में थे। काशी मोक्ष की नगरी है।

मृत्यु के समय हर व्यक्ति काशीवास की कामना करता है।

किंतु कबीर तो क्रांतिकारी थे।

उन्होंने घोषणा की, 'वे अब मगहर में जाकर रहेंगे।'

मगहर के विषय में यह अंधविश्वास प्रचलित था कि वहाँ पर मरने पर मुक्ति नहीं मिलती।

कबीर तो जीवन-भर अंधविश्वास के विरुद्ध संघर्ष करते रहे थे। मगहर के इस कलंक को धोना आवश्यक था। अंधविश्वास का विरोध आवश्यक था।

इस घोषणा से कबीर के शिष्यों को बड़ा कष्ट हुआ। कबीर ने उन्हें समझाया–

लोगा तुम हौ मति के भोरा।
जउ कासी तनु तजहि कबीरा तौ रांमहि कौंन निहोरा।
जो जन भाउ भगति कछु जांनै ताकौ अचरजु काहो।
जैसें जल जलहीं ढुरि मिलियौ त्यों ढुरि मिल्यौ जुलाहो।
कहै कबीर सुनहु रे लोई मरमि न भूलौ कोई।
क्या कासी क्या मगहर ऊखर ह्रिदै रांम जो होई।

कबीर को विश्वास था कि मोक्ष के लिए स्थान नहीं कर्म प्रधान होते हैं।

'भावभक्ति' के भरोसे वे मगहर में प्राण छोड़ने पर भी अपने राम में इस प्रकार घुल-मिल जाएँगे जैसे पानी में पानी मिल जाता है।

जिसके हृदय में राम का बास है, उसके लिए काशी और मगहर में कोई भी तो अंतर नहीं।

अगर काशी में मृत्यु होने पर ही मोक्ष मिलता है तो फिर राम की कौन-सी बढ़ाई समझी जाए?

आख़िर कबीर मगहर पहुँच गए।

वहाँ पहुँचने पर उनके भक्तों का मेला-सा लग गया।

हर कोई उनके दर्शन की साध लेकर आता था।

अंतिम दिवस उन्होंने सबको एकत्र किया।

कबीर ने सबकी ओर देखा।

सबने कबीर की आँखों में झलकते प्रक़ाश का अनुभव किया। तभी उनका एक भक्त गा उठा-

झीनी-झीनी बीनी चदरिया।
काहै के ताना काहे कै भरनी कौन तार से बीनी चदरिया।
साँई को सियत मास दस लागे ठोक-ठोक के बीनी चदरिया।
सो चादर सुर नर मुनि ओढ़े, ओढ़ि के मैली कीनी चदरिया।
दास कबीर जतन से ओढ़ी, ज्यों-की-त्यों धर दीनी चदरिया।

लोगों ने देखा कि एक ज्योति कबीर के शरीर से बाहर आई और आसमान की ओर चली गई।

उपस्थित जनसमुदाय को विश्वास हो गया कि कबीर का महाप्रयाण हो गया।

कबीर ने जीवन-भर अंधविश्वासों का विरोध किया।

एकता, मित्रता, सहिष्णुता, आत्मीयता का उपदेश दिया।

किंतु उनकी मृत्यु का समाचार मिलते ही एक विवाद छिड़ गया।

काशी नरेश वीरसिंह और उनके हिंदू-भक्त चाहते थे कि कबीर का अंतिम संस्कार अग्नि में जलाकर हिंदू-पद्धति से किया जाए।

दूसरा ओर मुस्लिम अनुयायियों की कामना थी कि उनका संस्कार मुस्लिम मज़हब के अनुसार दफ़नाकर होना चाहिए।

बात इतनी बढ़ी कि दोनों ओर से तलवारें खिंच गईं।

तभी एक आकाशवाणी हुई : व्यर्थ में एक-दूसरे के रक्त के प्यासे हो रहे हो। जाओ, कुटी का दरवाजा खोलकर देखो।

लोगों ने जब कुटी का द्वार खोला तो वे आश्चर्यचकित रह गए। वहाँ कबीर का शव नहीं था। उसके स्थान पर फूलों का एक छोटा-सा ढेर पड़ा था।

दोनों संप्रदायों के भक्तों ने अपनी-अपनी आस्था के अनुसार कबीर का संस्कार किया।

कबीर समर्पण की सही पहचान हैं।

अहंकार से लाखों कोस दूर।

समर्पण की भावदशा यह है कि जो भी दुर्गुण हैं, वे मेरे हैं, जो भी सद्गुण हैं, वे तेरे हैं।

अब तो सब छोड़ रहा हूँ—दुर्गुण, सद्गुण सब तेरे चरणों में अर्पित कर रहा हूँ।

यही जीवन का रहस्य है।

जिस दिन कोई व्यक्ति परमात्मा में इस प्रकार समर्पित हो जाता है तो वह कबीर बन जाता है, ऐसा कबीर जो कहता है—

मेरा मुझमें कुछ नहीं, जो कुछ है सो तोर।
तेरा तुझको सौंपते, क्या लागत है मोर।

16 साहित्य विहार
बिजनौर (उ.प्र.)

डा.गिरिराजशरण अग्रवाल

कबीर काव्य

पद

अब का डरौं डर डरहि समांनां

अब का डरौं डर डरहि समांनां,
जब थैं मोर तोर पहिचांनां।

जब लग मोर तोर करि लीन्हां,
भै भै जनमि-जनमि दुख दीन्हां।
आगम-निगम एक करि जांनां,
ते मनवां मन मांहि समांनां।

जब लग ऊँच-नीच करि जांनां,
ते पसुवा भूले भ्रम नांना।
कहि 'कबीर' मैं मेरी खोई,
तबहि रांम अवर नहीं कोई।

कबीर कहते हैं कि जबसे मैंने अपना और जगत् का स्वरूप पहचान लिया है, तबसे मेरा डर डर में ही समा गया है। अब मुझे किसी का भय नहीं है।

जब तक मैं अपने और पराये के भेद में भटकता रहा, तब तक बार-बार जन्म लेकर दुःख पाता रहा। किंतु जबसे मैंने वेद और शास्त्रों में समन्वय करके उस अभेद तत्त्व को समझ लिया है, तबसे संकल्पों में भटकने वाला मेरा मन अपने मूल रूप में समाहित हो गया है।

जब तक मेरे मन में ऊँच-नीच का भाव बना रहा, तब तक मेरा जीव अनेक प्रकार के भ्रमों में भटकता रहा। कबीर कहते हैं कि जब मैंने अहंकार और ममत्व को समाप्त कर दिया, तबसे मेरे लिए केवल राम ही रह गए हैं, अन्य कुछ भी नहीं रहा।

अब मैं पायौ राजा रांम सनेही

अब मैं पायौ राजा रांम सनेही,
जा बिनु दुख पावै मेरी देही।

बेद-पुरान कहत जाकी साखी,
तीरथि व्रति न छूटै जंम की पासी।

जाथैं जनम लहत नर आगैं,
पाप पुनि दोऊ भ्रम लागैं।

कहैं 'कबीर' सोई तत जागा,
मन भया मगन प्रेम सर लागा।

कबीर कहते हैं कि मुझे अपने प्रेमी परमात्मा राम की प्राप्ति हो गई है। उनके बिना मेरा मन दुःखी रहता है।

वेद, पुराण आदि इस बात के प्रमाण हैं कि तीर्थ, व्रत आदि से यम का फंदा टूटता नहीं है।

पाप और पुण्य दोनों ही पुनर्जन्म के कारण हैं। भक्ति के जागने पर दोनों भ्रम प्रतीत होने लगते हैं।

कबीर में यह तत्त्वज्ञान उदित हो गया है। कबीर को परमात्मा के प्रेम का बाण लग गया है और उसका मन भक्ति में तन्मय हो गया है।

अवधू मेरा मन मतिवारा,

अवधू मेरा मन मतिवारा,
उन्मति छढ्या मन रस पीवै,
त्रिभवन भया उजियारा।

गुड़ करि ग्याँन ध्याँन कर महुवा,
भव भाठी करि भारा,
काम-क्रोध दोइ किया बलीटा,
छूटि गई संसारी।

दोइ पुड़ जोड़ि चिगाई भाठी,
चुया महारस भारी,
सुषमन नारी सहजि समाँनीं,
पीवै पीवनारा।

सुंनि मंडल मैं मंदला बाजै,
तहाँ मेरा मन नाचै,
गुर प्रसादि अमृत फल पाया,
सहजि सुषमनाँ काछै।

पूरा मिल्या तबै सुष उपज्यौ,
तन की तपति बुझानी,
कहै 'कबीर' भव बंधन छूटै,
जोतिहि जोत समानी।

हे अवधूत! मेरा मन प्रभु-भक्ति में मदमस्त है। वह उन्मनी अवस्था द्वारा शून्य में पहुँचकर अमृत को पीता है। इस महारस के पीने से मुझे प्रत्येक लोक का ज्ञान प्राप्त है।

कबीर मदिरा खींचने की विधि द्वारा बताते हैं कि किस भाँति मैंने महारस को प्राप्त किया है। मैंने ज्ञान को गुड़ और ध्यान को महुवा बनाकर

संसार को ही अपनी भट्ठी बना लिया। इस भट्ठी में अग्नि प्रज्वलित करने के लिए काम और क्रोध (को नष्ट करने) का पलीता बना दिया।

इंगला-पिंगला का समन्वय कर इस भट्टी को तैयार किया। इस साज के पूरा हो जाने पर अमृत का स्रवण होने लगा। सुषुम्ना नामक नाड़ी सहजावस्था में पहुँच गई और इस प्रकार मैंने इस महारस का पान किया।

इस अमृत-पान से मुझे ज्ञात हुआ कि शून्य–ब्रह्मरंध्र–में अनहद नाद हो रहा है, जिसकी ध्वनि से मेरा मन आत्म-विस्मृत हो प्रभु में लीन हो गया। इस भाँति गुरु-कृपा से यह अमृत प्राप्त किया और सुषुम्ना सहजावस्था में ही रहने लगी।

कबीर कहते हैं परमात्मा के मिलने पर परम आनंद की प्राप्ति होती है और तन की संपूर्ण तपन समाप्त हो जाती है। इसके पश्चात् आत्मा सांसारिक बंधनों से मुक्त हो जाती है और उसका विलय परमात्मा में हो जाता है। किंतु यह तभी संभव है अर्थात् भव-ताप और बंधन तभी नष्ट हो सकते हैं, जब कोई ज्ञान-परिपूर्ण पथ-प्रदर्शक सद्गुरु मिले।

अब हम सकल कुसल करि मांनां,

अब हम सकल कुसल करि मांनां,
स्वांति भई तब गोब्यंद जांनां,

तन मैं होती कोटि उपाधि,
उलटि भई सुख सहज समाधि।

जब थैं उलटि भया है रांम,
दुख बिसर्‌या सुख कीया विश्रांम।
बैरी उलटि भये है मींता,
साषत उलटि सजन भये चीता।

आपा जांनि उलटि ले आप,
तौ नहीं ब्यापै तीन्यूं ताप।
अब मन उलटि सनातन हुवा,
तब हम जांनां जीवत मूवा।

कहै 'कबीर' सुख सहज समाऊँ,
आप न डरौं, न और डराऊँ।

कबीर कहते हैं कि जब मैंने प्रभु को जान लिया, तभी चित्त को शांति हुई, इसलिए अब तो मेरी कुशल-ही-कुशल है। शरीर में भिन्न-भिन्न प्रकार की व्याधियाँ थीं, वे समाप्त हो गईं और सहज समाधि में परिवर्तित हो गईं।

संसार में लिप्त होने की स्वाभाविक गति को त्यागने पर काल भी बदलकर मुझे राममय और प्रिय हो गया है और इस प्रकार मैं दुःख को भूलकर सुख-लाभ कर रहा हूँ। काम, क्रोध, मद, लोभ, मोह आदि जो आत्मा के शत्रु थे, वे अब दास बनकर मित्र रूप में काम आ रहे हैं। शाक्त जैसे कुमार्गी और आचरण-भ्रष्ट भी सज्जन रूप में परिवर्तित हो गए हैं।

यदि मनुष्य स्वयं को पहचान ले तो उसे दैविक, दैहिक, भौतिक—तीनों तापों में से कोई भी व्यथित नहीं कर सकता। जब मैं जीवनमुक्त की स्थिति

में आ गया तभी मेरा मन, जो संसार माया में उलझा रहता था, निर्मल होकर अपने स्वाभाविक और मूल रूप में आ गया।

कबीर कहते हैं कि मैं सहज-समाधि में अपने को लगाकर सुख लाभ करूँगा और संसार-तापों के भय से न तो स्वयं भयभीत होऊँगा और न ही किसी को भयभीत करूँगा।

अल्लह रांम जिऊं तेरै नांईं

अल्लह रांम जिऊं नांईं।
बंदे ऊपरि मिहरि करौ, मेरै सांई।

क्या लै मूड़ी सौं मारैं,
क्या जल देह न्हवाए।
खून करै मिसकीन कहावै,
गुनही रहै छिपाएँ।

क्या ऊजू जप मंजन कीएं,
क्या मसीति सिरु नाए।
दिल महिं कपट निवाज गुजारै,
क्या हज काबै जाएं।

ब्राह्मन ग्यारसि करै चौबीसौं,
काजी महं रमजांनां।
ग्यारह मास कहौ क्यूं खाली,
एकहि मांहि नियांनां।

जौ रे खुदाई मसीति बसतु है,
और मुलुक किस केरा।
तीरथि मूरति रांम निवासी,
दुहु महिं किनहुं न हेरा।

पूरब दिसा हरी का बासा,
पच्छिम अलह मुकांमां।
दिल महिं खोजि दिलै दिलि खोजहु,
इहंईं रहीमां रांमां।

जेते औरति मरद उपानें,
सो सभ रूप तुम्हारा।
'कबीर' पुंगरा अलह रांम का,
सोई गुर पीर हमारा।

ऐ अल्लाह! ऐ राम! मैं तेरे नाम पर जीता हूँ। ऐ मेरे मालिक! अपने सेवक के ऊपर दया करो।

सिर को बारंबार ज़मीन पर पटकने से क्या और जल में शरीर नहलाने से क्या? तू खून भी करता है (जीव-हिंसा भी करता है) और नम्र भी कहलाता है; वास्तविक गुण तो भीतर छिपा रहता है।

उजू से क्या; और जप-मज्जन करने से या मस्जिद में सिर नवाने (सिजदा पढ़ने) से क्या? दिल में कपट की नमाज पढ़ता है तो हज-काबे जाने से क्या लाभ?

ब्राह्मण चौबीसों एकादशियों का व्रत करता है और मुल्ला रमजान के महीने में व्रत रखता है। बताओ तो सही, ग्यारह महीने अच्छाई से खाली क्यों हो गए, और एक ही महीने में सारा फल क्यों भर गया?

भाई, यदि खुदा मस्जिद में ही रहता है तो बाकी सारा मुल्क किसका है? हिंदू के अनुसार राम तीर्थ और मूर्ति का निवासी है, किंतु दोनों में उसको किसी ने न देखा।

(हिंदुओं के अनुसार) पूर्व दिशा (जगन्नाथपुरी?) में हरि का निवास है और (मुसलमानों के अनुसार) पश्चिम (काबे) में अल्लाह का मुकाम है किंतु ऐ लोगो, दिल में ही खोजो; यहीं रहीम हैं, यहीं राम हैं—पूर्व और पश्चिम में नहीं।

जितने भी स्त्री-पुरुष पैदा किए गए हैं, सब तुम्हारे ही रूप हैं। कबीर अल्लाह और राम का बालक है—वही हमारा गुरु है, वही हमारा पीर है।

अवधू गगन मंडल घर कीजै

अवधू गगन मंडल घर कीजै।
अमृत झरै सदा सुख उपजैं,
बंक नाल रस पीजै।

मूल बाँधि सर गगन समांना,
सुषमन यों तन लागी।
काम क्रोध दोऊ भया पलीता,
तहाँ जागणां जागी।

मनवाँ जाइ दरीबे बैठा,
मगन भया रसि लागा।
कहै 'कबीर' जिय संसा नांही,
सबद अनाहद बागा।

अवधूत साधु या योगी! तुम गगन मंडल अर्थात् ब्रह्मरंध्र में अपना घर बनाओ, क्योंकि वही तुम्हारा स्थायी निवास है। उस ब्रह्मरंध्र रूपी शिखर पर ब्रह्मद्रव रूपी अमृत का झरना बहता है और वहाँ सदैव सुख (परमानंद) की प्राप्ति होती है। वहाँ उस रस (अमृत) को कुंडलिनी सुषुम्ना के मार्ग से पीती है।

मूलाधार चक्र को सिद्ध करके (क्रमशः अन्य चक्रों को बींधते हुए) गगन अर्थात् ब्रह्मरंध्र की प्राप्ति होती है। सुषुम्ना के मार्ग से अमृत की प्राप्ति होती है। साधना की चरम स्थिति को पहुँचते-पहुँचते काम-क्रोध इत्यादि विकार जलकर भस्म हो जाते हैं। कुंडलिनी जाग्रत हो जाती है।

मन सहस्त्रार चक्र (दरीबा) पर जा चढ़ता है। यहाँ अमृतरस को पाकर वह मग्न हो जाता है। इस स्थिति को प्राप्त हुआ साधक समस्त शंकाओं, भय और संदेहों से मुक्त हो जाता है तथा उसे अनहद नाद सुनाई पड़ने लगता है। इसी प्रकार हठयोगी साधक परमानंद या ब्रह्मानंद में खो जाता है।

आऊँगा न जाऊँगा, मरूँगा न जिऊँगा

आऊँगा न जाऊँगा, मरूँगा न जिऊँगा।
गुर के साथि अमीं रस पिऊँगा।

कोई फेरै माला, कोई फेरै तसबी।
देखौ रे लोग दोनौं कसबी।

कोई जावै मक्के, कोई जावै कासी।
दोऊ के गलि परि गई पासी।

कहत 'कबीर' सुनौं नर लोई,
हंम न किसी के न हंमरा कोई।

मैं न आऊँगा, न जाऊँगा और न मरूँगा, न जिऊँगा (आवागमन तथा जीवन-मरण आदि से मुक्त रहूँगा); मैं गुरु के पास भक्ति का अमृत रस पिऊँगा।

कोई माला फेरता है, कोई तस्बी फेरता है, किंतु ऐ लोगो, देखो, ये दोनों पेशेवर (व्यवसायी) हैं।

कोई मक्के जाता है, कोई काशी; किंतु दोनों के गले में वासना का बंधन पड़ा हुआ है। कबीर कहते हैं–ऐ लोगो सुनो, न हम किसी के हैं, न हमारा कोई है (अर्थात् कोई किसी का नहीं, यही वास्तविकता है)।

एक निरंजन अलह मेरा

एक निरंजन अलह मेरा,
हिंदू-तुरक कहूँ नहीं नेरा।

राखूँ व्रत न मुहरम जांनां,
तिसही सुमिरूँ जो रहै निदांनां।
पूजा करूँ न निमाज गुजारूँ,
एक निराकार हरिदै नमसकारूँ।

नां हज जांऊ, न तीरथ पूजां,
एक पिछाण्या तौ क्या दूजा।
कहै 'कबीर' भरम सब भागा,
एक निरंजन सूँ मन लागा।

कबीर कहते हैं कि एकमात्र माया-रहित, निरंजन अल्लाह में ही मेरी निष्ठा है। हिंदू और मुसलमान दोनों में से कोई भी मेरे निकट नहीं है अर्थात् मेरे मन में सांप्रदायिक आग्रह नहीं है।

न मैं व्रत रखता हूँ और न मुझे मुहर्रम में विश्वास है। मैं तो उसी तत्त्व का स्मरण करता हूँ, जो सबके लुप्त हो जाने के बाद भी शेष रहता है।

न मैं देवताओं की पूजा करता हूँ और न नमाज पढ़ता हूँ। केवल निराकार ब्रह्म को ही हृदय से नमस्कार करता हूँ।

न मैं हज जाता हूँ और न तीर्थ-पूजा करता हूँ। मैंने एक परम तत्त्व को पहचान लिया है तो दूसरी साधनाओं की क्या आवश्यकता है? कबीर कहते हैं कि मेरे सारे संदेह समाप्त हो गए हैं और एकमात्र निरंजन ब्रह्म में मेरा हृदय रम गया है।

ऐसे लोगनि सूँ का कहिए

ऐसे लोगनि सूँ का कहिए,
जे नर भये भगति थैं न्यारे,
तिनथैं सदा डराते रहिये।

आपण देही चरवा पांनीं,
ताहि निदैं जिनि गंगा आंनी।
आपण बूढ़ैं और कौं बोड़ैं,
अगनि लगाइ मंदिर मैं सोवैं।

आपण अंध और कूं कांनां,
तिनकौं देखि कबीर डरांना।

कबीर कहते हैं कि ऐसे मनुष्यों से कुछ भी नहीं कहा जा सकता, जो भक्ति से अलग रहते हैं, उनसे तो दूर ही दूर रहना अच्छा।

ऐसे लोग अपने कुचरित्र को गंगा के समान पवित्र समझते हैं। वे स्वयं तो पाप के गर्त में डूबते ही हैं अन्य लोगों को भी ले डूबते हैं। वे अन्य मनुष्यों में विषय-वासना की आग लगाकर स्वयं निश्चिंतता से सो जाते हैं।

कबीर कहते कि ये लोग स्वयं अज्ञानी होते ही हैं, दूसरों में भी अज्ञान का प्रसार करते हैं। इनसे हमें भय लगता है क्योंकि ये लोकघातक हैं।

ऐसा तेरा झूठा मीठा लागा

ऐसा तेरा झूठा मीठा लागा,
ताथैं साचे सूं मन भागा।

झूठ के घर झूठा आया,
झूठा खान पकाया।
झूठी सहन क झूठा बाह्या,
झूठै झूठा खाया।

झूठा ऊठण झूठा बैठण,
झूठी सबै सगाई।
झूठे के घरि झूठा राता,
साचे को न पत्याई।

कहै 'कबीर' अलह का पंगुरा,
साचे सूं मन लावौ।
झूठे केरी संगति त्यागौ,
मन बंछित फल पावौ।

हे मनुष्य, तेरी वृत्ति मिथ्या आनंदों में–विषयानंदों में–इतनी रमती है कि तुझे वास्तविक और सत्य आनंद भी मिथ्या लगने लगा है। इसीलिए तू प्रभु की भक्ति नहीं करता।

तेरा समस्त अंतर-बाह्य और वातावरण असत्य (विषय-वासनाओं) से प्रेरित होकर रहता है। उठना-बैठना और स्नेहपूर्ण संबंध सब मिथ्या हैं। ठीक भी है जो विषय-वासना में लिप्त हैं, वे असत्य में ही अनुरक्त रहेंगे, सत्य ब्रह्म का वे विश्वास तक नहीं करते।

कबीर कहते हैं कि हे जीव! तू ईश्वर का अंश है अतः उसी सत्य स्वरूप परमात्मा में अपना मन लगा। यदि तू दुर्जनों की संगति का त्याग कर दे तो तू मनवांछित फल प्राप्त करेगा।

कहा भयौ तिलक गरैं जपमाला

कहा भयौ तिलक गरैं जपमाला,
मरम न जांनै मिलन गोपाला।

दिन प्रति पसू करै हरिहाई,
गरै काठ बाकी बांनि न जाई।
स्वांग सेत करणीं मनि काली,
कहा भयौ गलि माला घाली।

बिन ही प्रेम प्रेम कहा भयौ रौयें,
भीतरि मैल बाहरि कहा धोयें।
गलगल स्वाद भगति नहीं धीर,
चीकन चंदवा कहै 'कबीर'।

कबीर कहते हैं, यदि परमात्मा से मिलन का वास्तविक रहस्य ज्ञात न हो तो तिलक लगाकर और गले में माला पहनकर भक्तों जैसा वेश धारण करने का क्या लाभ है?

पशु के गले में लकड़ी पड़ी रहती है, उस लकड़ी से उसको चोट भी लगती रहती है किंतु वह पशु रात और दिन इधर-उधर भटकता रहता है। इसी प्रकार गले में माला डाले हुए तथा विषय-वासनाओं की चोट खाते हुए मानव निरंतर भटकता रहता है।

ऐसे व्यक्तियों का वेश तो स्वच्छ होता है किंतु उनके काम मलिनता से भरे हुए होते हैं। अगर वे अपने गले में माला डाल भी लेते हैं तो उससे क्या लाभ है?

प्रेम से रहित होकर रुदन करने का कोई लाभ नहीं है। जब हृदय मैल से भरा हुआ है तो शरीर के बाहरी भाग को धोने का क्या लाभ है?

कबीर कहते हैं कि ऐसा व्यक्ति भोजन के स्वाद में लिप्त रहा। भक्ति में स्थित होकर धीर नहीं बन सका।

कहु पंडित सूचा कवन ठाँउँ

कहु पंडित सूचा कवन ठाँउँ।
जहाँ बैसि हउँ भोजनु खाउँ।

माता जूठी, पिता भी जूठा,
जूठे ही फल लागे।
आवहिं जूठे, जाहिं भी जूठे,
जूठे मरहिं अभागे।

अगिनि भी जूठी, पांनी जूठा,
जूठै बैसि पकाया।
जूठी करछी अन्न परोसा,
जूठै जूठा खाया।

गोबरु जूठा, चउका जूठा,
जूठे जीनों कारा।
कहै 'कबीर' तेई जन सूचे,
जे हरि भजि तजहिं बिकारा।

हे पंडित बताओ, कौन-सी जगह पवित्र है, जहाँ बैठकर मैं भोजन कर सकूँ?

(संसार में पवित्र कुछ भी नहीं है) माता अपवित्र है, पिता भी अपवित्र है, जो फल लगते हैं (संतति होती है) वे भी अपवित्र हैं। आना भी अपवित्र है, जाना भी अपवित्र है अभागों का मरना भी अपवित्र है।

अग्नि भी अपवित्र, पानी भी अपवित्र, अपवित्र स्थान में बैठकर ही भोजन पकाया जाता है। अपवित्र कलछी से अन्न परोसा जाता है और अपवित्र ही अपवित्र को खाता है।

गोबर भी अपवित्र, चौका भी अपवित्र, (चौके में) जो रेखा खींची गई है, वह भी अपवित्र है। कबीर कहते हैं कि वही लोग पवित्र हैं, जो हरि का भजन कर सभी प्रकार के विकार त्याग देते हैं।

का माँगूँ कुछ थिर न रहाई

का माँगूँ कुछ थिर न रहाई,
देखत नैन चल्या जग जाई।

इक लख पूत सवा लख नाती,
ता रावन घर दिया न बाती।
लंका-सा कोट, समंद-सी खाई,
ता रावन की खबरि न पाई।

आवत संग न जात संगाती,
कहा भयौ दरि बाँधे हाथी।
कहै 'कबीर' अंत की बारि,
हाथ झाँड़ि जैसे चले जुवारी।

कबीर कहते हैं कि हे ईश्वर, मैं आपसे क्या माँगूँ, किस बात की इच्छा करूँ, क्योंकि इस संसार में कुछ भी स्थिर और स्थायी नहीं है। देखते-ही-देखते जगत के प्राणी आँखों के सामने चले जाते हैं।

अपनी बात के समर्थन में संत कबीर कहते हैं कि जिस रावण के एक लाख पुत्र और सवा लाख पौत्र थे, उस रावण के घर में दीपक जलाने वाला तक नहीं है। उस रावण का लंका जैसा दुर्गम किला था, उसके चारों ओर समुद्र जैसी विशाल खाई थी किंतु वैभवशाली रावण की आज ख़बर तक नहीं है अर्थात् उस रावण का सर्वस्व समाप्त हो गया।

कबीर का कहना है कि इस संसार में न कोई साथ आता है और न कोई साथ जाता है। इसलिए दरवाज़े पर हाथी बाँधना व्यर्थ है। कबीर कहते हैं कि अंत समय में व्यक्ति उसी प्रकार खाली चला जाता है, जिस प्रकार जुआरी बाजी हारकर अपने हाथ झाड़ता हुआ चला जाता है।

काहे कूं माया दुख करि जोरी

काहे कूं माया दुख करि जोरी,
हाथि चुंन गज पांच पछेवरी।

मां को बंध न भाई साथी,
बाँधै रहे तुरंगम हाथी।

मैड़ी, महल बाबड़ी छाजा,
छाड़ि इये सब भूपति राजा।

कहै कबीर रांम ल्यौ लाइ,
धरी रही माया काहू न खाई।

कबीर कहते हैं कि हे जीव! तूने यह माया और धन-संपत्ति व्यर्थ में ही क्यों दुःख उठा-उठाकर एकत्र की है? तुझे मृत्यु होने पर लाल रंग का वही पाँच गज वस्त्र प्राप्त होगा, अन्य कुछ नहीं।

इस संसार में कोई किसी का न बंधु है न सखा, समस्त संसार के संबंध मिथ्या हैं फिर क्यों व्यर्थ धनिक लोग द्वार पर हाथी-घोड़े बाँधकर वैभव का प्रदर्शन करते हैं।

झोंपड़ी, महल, सरोवर एवं अन्य भवन सब कुछ यहीं छोड़कर बड़े-बड़े राजा मृत्यु को प्राप्त हो गए।

कबीर कहते हैं कि मूढ़ जीव! तू राम से प्रेम कर। यह माया रखी की रखी रह जाती है। कोई भी इसका भोग नहीं कर पाता है।

कैसे तूं हरि कौ दास कहायौ

कैसे तूं हरि कौ दास कहायौ,
करि बहु भेष र जनम गँवायौ।

सुध-बुध होइ भज्यौ नहि सांई,
काछयौ ड्यंभ उदर के तांई।
हिरदै कपट हरि सूँ नहीं साचौ,
कहा भयौ जै अनहद नाच्यौ।

झूठे फोकट कलू मँझारा,
रांम कहैं ते दास नियारा।
भगति नारदीं मगन सरीरा,
इहि बिधि भव तिरि कहै 'कबीरा'।

हे साधु, तुम ईश्वर के भक्त कैसे कहलाते हो? तुमने तो अनेक प्रकार के वेष धारण करके अपना जन्म ही गँवाया है।

तुमने पूरी चेतना से ईश्वर का भजन नहीं किया। तुम तो पेट के लिए पाखंडपूर्ण वेष धारण करते रहे। तुम्हारे हृदय में कपट भरा रहा। तुमने ईश्वर से सच्चा प्रेम नहीं किया। भक्ति का दिखावा करते हुए निरंतर नाचते रहने से क्या लाभ है?

इस झूठे और निरर्थक कलियुग में जो राम-नाम का स्मरण करते हैं, वे ही भक्त संसार-सागर के पार होते हैं। कबीर कहते हैं कि अंत:करण को प्रेमाभक्ति में तन्मय करके इस संसार-सागर से पार हो जाओ।

चलत कत टेढ़ौ-टेढ़ौ रे

चलत कत टेढ़ौ-टेढ़ौ रे,
नऊँ दुवार नरक घरि मूँदे।
तू दुरगंधि को बैढ़ौ रे,

जे जारैं तौ होइ भसम तन,
रहि त किरम जल खाई।
सूकर स्वांन काग कौ भाखिन,
तामैं कहा भलाई।

फूटे नैंन, हिरदै नहीं सूझै,
मति एकै नहीं जांनी।
माया-मोह-ममिता सूँ बाँध्यौ,
बूड़ि मूवौ बिन पांनी।

बारू के घरवा मैं बैठो,
चेतन नहीं अयांना।
कहै 'कबीर' राम-भगति बिनु,
बूढ़े बहुत सयांनां।

हे मानव, अपने इस शरीर पर घमंड करके तू टेढ़ा-टेढ़ा क्यों चल रहा है? तेरी इंद्रियों के नव द्वार मल से भरे हुए हैं और तू स्वयं नरक का ढेर है।

यह शरीर जलने पर भस्म हो जाएगा, जो शेष बचेगा उसे जल और कीड़े समाप्त कर देंगे। यह शरीर तो सूअर, कुत्तों और कौवों का भोजन है। इसमें सुंदर क्या है जिस पर तू घमंड कर रहा है?

तेरे बाहरी नेत्र भी फूट गए हैं और तुझे हृदय में भी ज्ञान नहीं रहा है तुझे कोई सद्‌बुद्धि नहीं मिली है। हे मानव, तू माया, मोह और ममता में ही बँधा रहा अत: इस संसार-सागर में बिना पानी के ही डूब गया।

हे प्राणी, तू शरीर रूपी बालू के महल में बैठा हुआ है। तू इस बात के लिए सावधान नहीं है कि यह शरीर स्थायी नहीं है। कबीर कहते हैं कि राम की भक्ति के बिना अनेक चतुर लोग भी इस भव-सागर में डूब रहे हैं।

चौखौ बनज व्यौपार करीजै

चौखौ बनज व्यौपार करीजै,
आइनैं दिसावरि रे रांम जपि लाहौ लीजै।

जब लग देखौं हाट पसारा,
उठि मन बणियों रे, करि ले बणज सँवारा।
देते हो तुम्ह लाद लदाँनां,
औघट घाटा रे चलनां दूरि पयांनां।

खरा न खोटा नां परखानां,
लाहे कारनि रे सब मूल हिरांनां।
सकल दुनीं मैं लोभ पियारा,
मूल ज राखै रे सोई बनिजारा।

देस भला, परिलोक बिरांनां,
जन दोइ चारि नरे पूछो साध सयांनां।
सायर तीर न बार न पारा,
कहि समझावै रे 'कबीर' बणिजारा।

कबीर जीवात्मा की तुलना वणिक से करते हुए कहते हैं कि इस विदेश (संसार) में आकर भले कर्मों का व्यापार करना ही श्रेयस्कर है, अतः हे वणिक् (जीव) तुम राम नाम जपो।

शीघ्रतापूर्वक तुम अपना सामान बाँध लो, भक्ति कर्म कर लो, क्योंकि तुम्हारा लक्ष्य दूर और साधना की विकट पगडंडी के द्वारा तुम्हें वहाँ जाना होगा।

इस संसार में तुमने लाभ के लोभ में खरे-खोटे कर्मों की कुछ भी पहचान न की, जिससे लाभ के स्थान पर पूर्वसंचित सत्कर्मों का मूलधन भी गँवा बैठे।

समस्त संसार लोभ के वशीभूत है, जो कोई प्रभु-भक्ति के मूलधन की रक्षा करता है वही वास्तविक भक्त है।

जिन दो-चार सज्जनों से परामर्श किया उन्होंने यही सद्‌विचार बताया कि अपना देश ही अच्छा है। यह विदेश तो बाधाओं एवं व्यथाओं से परिपूर्ण है। भक्त कबीर समझाते हुए कहते हैं कि शूरवीर का तीर तो पार ही कर देता है अन्यथा भक्त वे तीर ही नहीं छोड़ते।

जतनु बिन मिरगनि खेत उजारे

जतनु बिनु मिरगनि खेत उजारे।
टारे टरत नहीं निस-बासुरि,
बिडरत नांहि बिडारे।

अपनैं-अपनैं रस के लोभी,
करतब न्यारे-न्यारे।
अति अभिमांन बदत नहिं काहू,
बहुत लोग पचि हारे।

बुधि मेरी किरखी गुर मेरौ बिझुका,
अक्खिर दोइ रखवारे।
कहै कबीर अब चरनन देइहौं,
बेरियाँ भली सँभारे।

बिना जतन (साधना) किए पशुओं (पंच विकार) ने खेत (शरीर) उजाड़ दिया। वे रात-दिन हटाए हटते नहीं, बिदकाने से बिदकते नहीं।

सब अपने-अपने स्वाद के लोभी हैं, सबके कारनामे अलग-अलग हैं (कोई फ़सल तोड़ देता है, कोई ज़मीन खोद देता है) बहुत से लोगों ने थककर हार मान ली किंतु अपने अभिमान के कारण वे किसी से कुछ कहते नहीं हैं।

मेरी खेती बुद्धि की है, गुरु उसमें बिजूका हैं, राम नाम के दो अक्षर रखवाले हैं। कबीर कहते हैं कि मैंने ठीक समय पर सँभाल कर ली है, अब खेती चरने नहीं दूँगा।

जागहु रे नर सोबहु कहा

जागहु रे नर सोबहु कहा,
जम बटपारै रूँधे पहा।

जागि चेति कछू करौ उपाइ,
मोटा बैरीं है जंमराइ।
सेत काग आये बन मांहि,
अजहूँ रे नर चैते नांहि।

कहै 'कबीर' तबै नर जागै,
जंम का डंड मूंड मैं लागै।

हे मानव, अब जागो। अज्ञान की निद्रा में क्यों सो रहे हो? यमरूपी लुटेरों ने तुम्हारे जीवन-मार्ग को घेर रखा है।

तुम जागकर तथा सावधान होकर अपने जीवन की रक्षा का कोई उपाय करो। यमराज तुम्हारा बहुत बड़ा शत्रु है। तुम्हारे इस जीवन रूपी वन में श्वेत काग आ गए हैं। हे मानव, तुम सावधान क्यों नहीं होते?

कबीर कहते हैं कि मानव जब तक जागता है, तब तक यमराज उसके सिर पर डंडा मारने लगता है (उसका अंतकाल आ जाता है)। किंतु उस समय जागने से लाभ ही क्या है?

जागि रे जीव जागि रे

जागि रे जीव जागि रे,
चोरन कौ डर बहुत कहत हैं,
उठि-उठि पहरै लागि रे।

ररा करि टोप मसां करि बखतर,
ग्यान रतन करि षाग रे।
ऐसैं जौ अजराइल मारै,
मस्तकि आवै भाग रे।

ऐसी जागणीं जे को जागे,
ता हरि-देइ सुहाग रे।
कहै कबीर जाग्या ही चाहिये,
क्या ग्रिह क्या बैराग रे।

हे जीव, जागो। इस जीवन के पीछे काम-क्रोध आदि के अनेक चोर लगे हुए हैं, इसलिए तुम जाग-जागकर पहरा दो।

तुम रकार का टोप बनाओ तथा मकार का कवच। ज्ञान की श्रेष्ठ तलवार लेकर इस अज्ञान पर ऐसा प्रहार करो कि अहंकार रूपी उसका मस्तक तुम्हारे हाथ में आ जाए। ऐसे में यदि तुम यमदूत को मारोगे तो तुम्हारे भाग्य में उसका मस्तक आ जाएगा।

इस अवस्था में यदि कोई आत्मा सुंदरी जागती रहती है तो परमात्मा उस पर अपने प्रेम और सौभाग्य की कृपा करते हैं। कबीर कहते हैं कि व्यक्ति चाहे गृहस्थ हो अथवा विरक्त, इस प्रकार तो सभी को जागते रहना चाहिए।

जौ तैं रसनां रामुँ न कहियौ

जौ तैं रसना रामुँ न कहियौ,
तो उपजत बिनसत भरमत रहियौ।

जैसी देखि तरबर की छाया,
प्रांन गए कहु काकी माया।
जीवन कछू न कीया प्रवांनाँ,
मूयें मरम को काकर जाँनाँ।

कंधि काल सुख कोई न सोवै,
राजा रंक दोऊ मिलि रोवै।
हंस सरोवर कँवल सरीरा,
राम-रसायन पीवैं कबीरा।

कबीर कहते हैं कि यदि तुम अपनी जीभ से राम के नाम का स्मरण नहीं करोगे तो तुम जन्म और मृत्यु के चक्र में भ्रमित होते रहोगे। अभिप्राय यह है कि राम-नाम का स्मरण करने से ही आवागमन के चक्र से मुक्ति मिल सकती है।

कबीर का मत है कि यह जीवन वृक्ष की छाया के समान क्षणिक है, उसी प्रकार यह माया भी क्षणिक सुखदायी है। तुम स्वयं बताओ कि प्राण निकलने के बाद व्यक्ति के लिए उस माया-मोह का क्या मूल्य रह जाता है?

जिसने अपने जीवन-काल में स्वयं को सफल और कृतार्थ करनेवाला कोई कार्य नहीं किया, तो उसकी मृत्यु के पश्चात उसके जीवन के महत्त्व और रहस्य को कौन समझ सकेगा?

मानव के कंधे पर काल बैठा हुआ है। ऐसी स्थिति में कोई सुखपूर्वक नहीं सो सकता (अर्थात् निश्िंचत होकर सुख का जीवन नहीं बिता सकता)। उस समय राजा और रंक सभी को मिलकर अपनी विवशता पर रोना पड़ेगा।

कबीर कहते हैं कि जीवात्मा (हंस) सहस्त्र कमल से निकलने वाले अमृत अर्थात् राम-रसायन का पान कर रहा है।

झगरा एक नबेरो रांम

झगरा एक नबेरो रांम,
जे तम्ह अपनैं जन सूं कांम।
ब्रह्म बड़ा कि जिनि रु उपाया,
बेद बड़ा कि जहाँ थैं आया।

यहु मन बड़ा कि जहाँ मन मानें,
राम बड़ा कि रांमहिं-जानैं।
कहै 'कबीर' हूँ खरा उदास,
तीरथ बड़े कि हरि के दास।

हे परमात्मा, यदि आपको अपने भक्त से स्नेह है तो उसके मन के संदेहों को दूर कीजिए। ब्रह्म बड़ा है अथवा वह परम तत्त्व जो इस संपूर्ण जगत् का मूल कारण है? वेद बड़ा है अथवा वह परम तत्त्व, जहाँ से वेद के ज्ञान का प्रकाश हुआ है?

कबीर पूछते हैं कि यह मन बड़ा है अथवा वह परमतत्त्व, जिसमें यह मन रमता है या समा जाता है? राम बड़ा है या वह, जो राम को जानता है?

कबीर कहते हैं कि मैं इस असमंजस में पड़ा हूँ कि वे तीर्थ बड़े हैं, जहाँ भक्त अवगाहन करते हैं अथवा वे भक्तजन जो स्वयं इन स्थानों को तीर्थ बना देते हैं।

झीनी-झीनी बीनी चदरिया

झीनी-झीनी बीनी चदरिया।
काहे का ताना, काहे की भरनी,
कौन तार से बीनी चदरिया।
इँगला-पिंगला ताना भरनी,
सुषमन तार से बीनी चदरिया।

आठ कँवल दस चरखा डोलै,
पाँच तत्त्व गुन तीनी चदरिया।
साँई को सियत मास दस लागे,
ठोक-ठोक के बीनी चदरिया।

सो चादर सुर नर मुनि ओढ़ी,
ओढ़ि के मैली कीनी चदरिया।
दास 'कबीर' जतन सौं ओढ़ी,
ज्यों की त्यों धरि दीनी चदरिया।

परमात्मा रूपी स्वामी ने मानव-शरीर रूपी चादर को बहुत बारीकी से बुना है। कबीर प्रश्न करते हैं कि इस शरीर को यदि चादर कहा जाता है तो फिर ताने-बाने क्या हैं और किस तार से इसे बुना जाता है? इस प्रश्न का उत्तर देते हुए वे कहते हैं कि इड़ा तथा पिंगला नाड़ियों के ताने-बाने और सुषुम्ना के तार से यह शरीर रूपी चादर बुनी हुई है।

आठ चक्रों और दस रंध्रों रूपी चरखे पर कातकर इसे पाँच तत्त्वों और तीन गुणों से बनाया गया है। इसे सिलने या बुनने में परमात्मा को दस महीने लगे हैं और उन्होंने इसे ठोक-ठोक कर बुना है।

जिस शरीर रूपी चादर को देवता, मनुष्य और मुनिजन ओढ़कर मैली कर देते हैं उसी चादर को कबीरदास ने यत्नपूर्वक ओढ़ा है और जैसी चादर उसे मिली थी वैसी की वैसी उसने ओढ़ने के पश्चात् भी लौटा दी है। (भाव यह है कि कबीर ने अपने जीवन को व्यर्थ नहीं किया है वरन् उसे परमात्मा की धरोहर समझकर उसका सदुपयोग किया है।)

झूठे तन कौं क्या गरबावै

झूठे तन कौं क्या गरबावै।
मरै तौ पल भरि रहन पावै।

खीर खांड घृत पिंड सँवारा,
प्रान गएँ लै बाहरि जारा।
जिहिं सिरि रचि-रचि बाँधत पागा,
सो सिरु चंचु सँवारहिं कागा।

हाड़ जरै जैसे लकड़ी झूरी,
केस जरै जैसे त्रिन कै कूरी।
कहै 'कबीर' नर अजहुँ नहीं जागै,
जम का डंड मूँड़ महिं लागै।

झूठे तन का क्या घमंड करता है, जो मर जाता है तो पल भर भी नहीं रहने पाता (मरते ही लोग मुर्दे को हटाने की बात सोचने लग जाते हैं)।

खीर, खांड, घी से जिस शरीर को पाला-पोसा, प्राण छूट जाने पर उसी को बाहर ले जाकर जलाते हैं। जिस सिर पर सँवार-सँवार कर पगड़ी बाँधते थे, उस सिर को कौवे अपनी चोंच से सँवारते हैं (नोच डालते हैं)।

जलाते समय हाड़ ऐसे जलते हैं जैसे सूखी लकड़ी और केश ऐसे जलते हैं जैसे फूस की ढेरी जलती है। संत कबीर कहते हैं कि प्राणी यह सब जानकर भी नहीं चेतता; तब तक यमराज का डंडा सिर पर आ बरसता है अर्थात् मृत्यु आ धमकती है।

डगमग छाड़ि दे मन बौरा

डगमग छाड़ि दे मन बौरा।
अब तौं जरें मरें बनि आवै,
लीन्हों हाथि सिंधौरा।

होइ निसंक मगन ह्वै नाचौ,
लोभ मोह भ्रम छांड़ौ।
सूरा कहा मरन तैं डरपै,
सती न संचै भाँड़ौ।

लोक बेद कुल की मरजादा,
इहै गले में फाँसी।
आधा चलि करि पाछैं फिरिहौ,
होइ जगत में हाँसी।

यह संसार सकल है मैला,
रांम कहैं ते सूचा।
कहैं 'कबीर' नांऊ नहिं छाड़ौं,
गिरत-परत चढ़ि ऊँचा।

कबीर का कथन है–हे पागल मन, तू अपनी चंचलता छोड़ दे। इस प्रकार चंचल होकर ईश्वर को प्राप्त करना संभव नहीं है। अब तो तूने सती होने वाली स्त्री की तरह अपने हाथ में सिंधौरा (सिंदूर रखने का पात्र) ले लिया है, अब तो मात्र जलना शेष है।

अब तू लोभ, मोह और भ्रम छोड़कर शंकारहित होकर नृत्य कर। तू विचार करके देख, क्या शूरवीर कभी मरने से भयभीत होते हैं? इसी प्रकार सती होने के समय पतिव्रता अपने घर के बर्तन एकत्र करने में नहीं लगती। (अतः तुझे भी सभी प्रकार की आसक्तियों का त्याग कर देना चाहिए।)

कबीर कहते हैं कि मर्यादाएँ तो गले की फाँसी के समान हैं। चाहे उनका अनुमोदन वेदों के द्वारा किया गया हो अथवा कुल द्वारा। ईश्वर के

प्रेम-मार्ग में तू आधे रास्ते पर चला आया है तो पीछे लौटने पर तेरी हँसी होगी।

यह समस्त संसार अपवित्र है। यह संसार केवल राम के कहने से ही पवित्र हो सकता है।

अंत में कबीर कहते हैं कि मैं राम का नाम नहीं छोड़ूँगा। मैं गिरता-पड़ता किसी प्रकार भी बाधाओं का सामना करता हुआ साधना के मार्ग में ऊँचा चढ़ता जाऊँगा और लक्ष्य को प्राप्त करके रहूँगा।

ता मन कौं खोजहु रे भाई

ता मन कौ खोजहु रे भाई।
तन छूटे मन कहाँ समाई।

सनक सनंदन जैदेउ नांमां,
भगति करी मन उनहुँ न जांनां।
सिव बिरंचि नारद मुनि ग्यांनीं,
मन की गति उनहुँ नहिं जांनीं।

ध्रू प्रहलाद बिभीखन सेखा,
तन भीतर मन उनहुँ न पेखा।
ता मन का कोई जांनैं न भेउ,
ता मनि लीन भया सुखदेउ।

गोरख भरथरी गोपीचंदा,
ता मन सौं मिलि करैं अनंदा।
अकल निरंजन सकल सरीरा,
ता मन सौं मिलि रहा कबीरा।

हे भाई, उस मन को खोजो। तन छूट जाने पर मन कहाँ समा जाता है?

सनक, सनंदन, जयदेव और नामदेव ने भक्ति की, लेकिन मन को उन्होंने भी न समझा; यहाँ तक कि शिव, ब्रह्मा तथा ज्ञानी नारद मुनि भी मन की गति न जान पाए।

ध्रुव, प्रह्लाद, विभीषण और हजार मुखों वाले शेष भी, शरीर के भीतर मन का रहस्य न देख पाए। उस मन का कोई भेद नहीं जानता। वास्तव में उस मन में शुकदेव तल्लीन हुआ।

गोरख, भर्तृहरि और गोपीचंद भी उस मन से मिलकर आनंद लूटते हैं। जिसके बारे में कुछ सोचा नहीं जा सकता और जो निरंजन है और सबमें विद्यमान है, उस मन से कबीर मिल गया।

तुम्ह बिन राम कवन सौं कहिये

**तुम्ह बिन राम कवन सौं कहिये।
लागी चोट बहुत दुख सहिये।
बेध्यौ जीव विरह कै भालै।
राति-दिवस मेरे उर सालै।**

**को जानै मेरे तन की पीरा,
सतगुरु सबद बहि गयौ सरीरा।
तुम्ह से बैद न हमसे रोगी,
उपजी बिथा कैसे जीवै बियोगी।**

**निसि-बासुरि मोहि चितवत जाई,
अजहुँ न आई मिले रामराई।
कहत कबीर हमकौ दुख भारी,
बिन दरसन क्यूँ जीवहि मुरारी।**

संत कबीर कहते हैं कि हे राम, तुम्हें छोड़कर मैं अपने मन की व्यथा किससे कहूँ? मुझे जो प्रेम-विरह की गहरी चोट लगी है, उससे अत्यधिक वेदना का अनुभव हो रहा है। मेरी आत्मा ईश्वर-प्रेम के भाले से बिंध गई है। यह व्यथा रात-दिन मेरे हृदय को पीड़ित करती है।

कबीर कहते हैं कि मेरे मन की पीड़ा को आपके अतिरिक्त कौन समझ सकता है? सद्गुरु के सदुपदेश की धारा मेरे रोम-रोम में प्रवाहित हो रही है। उसी प्रेम की पीर जाग गई है। हे भगवान्, आपके समान कोई वैद्य नहीं है और मेरे समान कोई रोगी नहीं है। मेरे हृदय में उत्कट प्रेम की व्यथा जाग उठी है। इस स्थिति में आपके प्रेम का वियोगी कैसे जीवित रह सकेगा?

हे प्रभु! मैं रात-दिन आपकी प्रतीक्षा करता रहता हूँ, किंतु आपने अभी तक दर्शन नहीं दिए हैं। आपने मुझ पर अभी तक अनुग्रह नहीं किया है। कबीर कहते हैं कि मेरी पीड़ा अपार है। हे मुरारी, आपके दर्शनों के बिना मैं कैसे जीवित रह सकता हूँ?

दुलहनीं गावहु मंगलाचार

दुलहनीं गावहु मंगलाचार।
हम घरि आए हो,
राजा राम भरतार।

तन रत करि मैं, मन रत करिहौं,
पंचतत्त बराती।
रामदेव मोरे पांहुनें आएँ,
मैं जोबन मैं माती।

सरीर सरोवर बेदी करिहौं,
ब्रह्मा बेद उचार।
रामदेव संगि भाँवरि लैहौं,
धंनि-धंनि भाग हमार।

सुर तेतीसूँ कोतिग आए,
मुनिवर सहस अठ्यासी।
कहैं 'कबीर' हम ब्याहि चले हैं,
पुरिष एक अबिनासी।

कबीर कहते हैं कि हे सौभाग्यवती नारियो! तुम सब मंगल के गीत गाओ, क्योंकि आज हमारे घर परम प्रभु श्रीराम पति के रूप में पधारे हैं।

इस अवसर पर मैं शरीर से अपने पति में पूर्णरूपेण अनुरक्त होकर, मन से भी उनसे प्रेम करूँगी। श्रीराम मेरे अतिथि बनकर मेरे घर पधारे हैं। इस क्षण मैं यौवन के मद से ओतप्रोत हूँ।

इस अवसर पर मैं अपने शरीर रूपी सरोवर की यज्ञवेदी बनाऊँगी। स्वयं ब्रह्मा इस विवाह-संस्कार में वेदमंत्रों का पाठ करेंगे। यह हमारा परम सौभाग्य है कि आज भगवान् राम के साथ हमारी भाँवरें पड़ेंगी।

हमारे इस महामिलन को देखने के लिए तैंतीस करोड़ देवता और अट्ठासी हजार मुनिश्रेष्ठ उपस्थित हैं। कबीर कहते हैं कि उनकी आत्मा एक अविनाशी परम पुरुष परमात्मा के साथ विवाह के अटूट बंधन में बँध जाएगी।

पंडिआ कवन कुमति तुम लागे

पंडिआ कवन कुमति तुम लागे।
बूड़हुगे परिवार सकल सिउं,
रांम न जपहुँ अभागे।

बेद पुरांन पढ़े का क्या गुनु,
खर चंदन जस भारा।
रांम नांम की गति नहिं जांनीं,
कैसे उतरसि पारा।

जीअ बधहु सु धरमु करि थापहु,
अधरम कहहु कत भाई।
आपस कौं मुनिवर करि थापहु,
काकौ कहौ कसाई।

मन के अंधे आपि न बुझहु,
काहि बुझावहु भाई।
माया कारनि विद्या बेचहु,
जनमु अबिरथा जाई।

नारद बचनु बिआस कहत हैं,
सुक कौं पूछहु जाई।
कहै 'कबीर' रांमें रमि छूटहु,
नांहिं त बूड़े भाई।

क्यों रे पंडितो, तुम किस कुमति में उलझे हो? हे अभागो, यदि तुम राम का जप नहीं करते तो सारे परिवार सहित डूब जाओगे।

तुम्हारे वेद-पुराण पढ़ने की क्या अच्छाई समझी जाए? यह वैसा ही है जैसे गधे के ऊपर चंदन लाद दिया जाए! राम-नाम का रहस्य जान नहीं पाए तो तुम कैसे पार उतरोगे (तुम्हारा उद्धार कैसे होगा)?

जीव बधते हो और उसे धर्म बताते हो; तो कहो भाई, अधर्म कहाँ है? एक-दूसरे को तो संत मान बैठे—फिर किसको कसाई कहा जाए?

ज्ञान के अंधे लोगो, तुम स्वयं तो कुछ जानते नहीं (अथवा तुम्हें अपनी तक तो जानकारी नहीं) दूसरे को क्या समझाते फिरते हो? पूँजी के लिए विद्या बेचते हो, इस प्रकार जीवन बेकार चला जाता है।

नारद का वचन है, व्यास भी उसी को सही बताते हैं, शुकदेव से जाकर पूछो (यदि मेरे ऊपर विश्वास नहीं) और कबीर भी वही कहता है कि राम का ही भजन करने से उद्धार होगा—नहीं तो भाई, अब तो डूबने ही वाले हो!

पंडित बाद बदंते झूठा

पंडित बाद बदंते झूठा।
रांम कह्यां दुनिया गति पावै,
षांड कह्यां मुख मीठा।

पावक कह्यां पाव जे दाझै,
जल कहि त्रिषा बुझाई।
भोजन कह्यां भूष जे भाजै,
तौ सब कोई तिरि आई।

नर कै साथ सुवा हरि बोलै,
हरि परताप न जानै।
जो कबहुँ उड़ि जाइ जंगल मैं,
बहुरि न सुरतै आनैं।

साची प्रीति विषै मायासूं,
हरि भगतनि सूं हासी।
कहैं कबीर प्रेम नहिं उपज्यौ,
बांध्यौ जमपुरि जासी।

पंडित लोग व्यर्थ ही झूठे वाद-विवादों में पड़े हुए हैं और शास्त्रीय ज्ञान को सब कुछ मान बैठे हैं। यदि राम--नाम कहने मात्र से मुक्ति प्राप्त हो जाती तो शक्कर कहने से मुख मीठा हो जाना चाहिए था।

यदि आग कहने से पैर जल जाते, जल के उच्चारण मात्र से प्यास बुझ जाती, भोजन के कथन मात्र से भूख मिट जाती तो सभी लोग राम शब्द के उच्चारण-मात्र से संसार-सागर से पार हो जाते।

मनुष्य का अनुकरण करते हुए तोता भी राम-नाम रटता है किंतु वह नाम के प्रभाव को नहीं जानता। यदि कभी पिंजड़े से छूटकर वह जंगल में चला जाता है तो उसे फिर राम-नाम की सुधि नहीं आती।

तुझे विषय-वासनाओं के प्रति सच्ची आसक्ति है और तू हरि-भक्तों का परिहास करता है। कबीर कहते हैं, यदि परमात्मा के प्रति सच्चा प्रेम उत्पन्न नहीं हुआ है तो अंत में कर्मों से बँधे हुए जीव को यमपुर जाना ही पड़ेगा।

पांडे कौन कुमति तोहि लागी

पांडे कौन कुमति तोहि लागी,
तूं रांम न जपहि अभागी।

बेद-पुरान पढ़त अस पांडे,
खर चंदन जैसें भारा।
रांम नांम तत समझत नांही,
अंति पड़ै मुखि छारा।

बेद पढ्यां का यहु फल पांडे,
सब घटि देखै रांमां।
जन्म-मरन थै तौ तूं छूटै,
सुफल हूंहि सब कांमां।

जीव बधत अरु धरम कहत हौ,
अधरम कहाँ है भाई।
आपन तौ मुनिजन ह्वै बैठे,
का सनि कहौं कसाई।

नारद कहै व्यास यौं भाषै,
सुखदेव पूछौ जाई।
कहै कबीर कुमति तब छूटै,
जे रहौं रांम ल्यौं लाई।

हे अहंकारी पंडित, तुझमें ये कौन-सी कुबुद्धि पैदा हो गई है कि तू सांप्रदायिक मान्यताओं को सत्य मानकर उनमें फँस गया है! हे अभागे, तू राम का जप क्यों नहीं करता है?

जिस प्रकार कोई गदहा चंदन का बोझ ढोता है किंतु उसकी सुगंध से प्रभावित नहीं होता, उसी प्रकार तू वेद और पुराणों का पाठ कर रहा है किंतु तू राम-नाम के वास्तविक स्वरूप को नहीं समझता है। इसी कारण अंत में तेरे

मुँह में धूल पड़ेगी।

हे पंडित, वेद पढ़ने का वास्तविक परिणाम तो यह होना चाहिए कि मानव सब प्राणियों में परमात्मा के दर्शन करने लगे। ऐसा ज्ञान प्राप्त करके तू जन्म-मरण के बंधनों से मुक्त हो जाएगा और तेरा मानव के रूप में जन्म लेना सफल हो जाएगा।

तू जीवों की हत्या करता है और उसको धर्म बताता है। हे भाई, फिर अधर्म कौन-सा है? इस प्रकार हत्या करनेवाला तू स्वयं को मुनि समझ बैठा है तो फिर कसाई किसको कहेंगे?

महामुनि नारद और व्यास इस प्रकार वर्णन करते हैं। सुखदेव की साक्षी भी ले सकते हो। कबीर कहते हैं कि जीवन की दुर्बुद्धि तभी समाप्त होती है, जब वह परमात्मा में अपना ध्यान लगा लेता है।

बहुरि हंम काहेगौ आवहिंगे

बहुरि हंम काहेकौ आवहिंगे।
बिछुरै पंच तत्त की रचना,
तब हंम रांमहिं पावहिंगे।

पिरथी का गुन पांनी सोखा,
पांनी तेज मिलावहिंगे।
तेज पवन मिलि पवन सबद मिलि,
सहज समाधि लगावहिंगे।

जैसैं बहु कंचन के भूखन,
एकहिं घालि तवावहिंगे।
ऐसे हम लोक-बेद के बिछुरै,
सुन्निहिं मांहिं समावहिंगे।

जैसैं जलहिं तरंग तरंगिनि,
ऐसैं हंम दिखलावहिंगे।
कहै 'कबीर' स्वांमीं सुखसागर,
हंसहिं हंस मिलावहिंगे।

हम फिर इस संसार में काहे को आएँगे? पाँच तत्त्व की रचना जब समाप्त हो जाएगी, तब हम राम को पा जाएँगे।

पृथ्वी का गुण पानी सोख लेगा और अग्नि के गुण पानी को तेज में मिलाएँगे। तेज को पवन में मिलाकर और पवन को आकाश के गुण शब्द में मिलाकर हम सहज समाधि लगा लेंगे।

जैसे कंचन के बहुत से गहने एक ही बर्तन में डालकर तपाए जाते हैं और अंत में वे सोना हो जाते हैं, उसी प्रकार हम लोक वेदना से बिछुड़ने पर शून्य में ही समा जाएँगे।

जैसे जल में लहर-लहरियाँ होती हैं ऐसे ही हम भी परमात्मा में मिलकर उसी की तरह दिखाई पड़ेंगे। संत कबीर कहते हैं कि हमारा स्वामी आनंद का कोष है; हम अपने हंस (आत्मा को) उस हंस (परमात्मा) से मिलाएँगे।

बोलनाँ का कहिए रे भाई

बोलनाँ का कहिए रे भाई।
बोलत-बोलत तत्त नसाई।

बोलत-बोलत बढ़ै बिकारा।
बिनु बोले क्या करहि बिचारा।
संत मिलहिं कछु सुनिए कहिए,
मिलहिं असंत मस्टि करि रहिए।

ग्यांनीं सौं बोलें उपकारी,
मूरिख सौं बोलें झखमारी।
कहै 'कबीर' आधा घट बौलै,
भरा होई तौ कबहुँ न बौले।

अरे भाई, बोलने का क्या कहा जाए? बोलते-बोलते हो तत्त्व नष्ट हो जाता है।

बोलते-बोलते विकार बढ़ता है, लेकिन बिना बोले विचार क्या किया जाए? अच्छा यही है कि संत मिलें तो कुछ क़हा-सुना जाए; असंत मिल जाए तो चुप्पी साध लेनी चाहिए।

ज्ञानी से बोलने में भलाई है, मूर्ख से बोलने में झखमारी होती है। संत कबीर कहते हैं कि आधा भरा हुआ घड़ा (ज्ञान से रहित व्यक्ति) बड़बड़ाता है; भरा हो (पूरा ज्ञानी हो) तो कभी नहीं बोलता।

मन रे कागत रहिये भाई

मन रे कागत रहिये भाई।
गाफिल होइ नसत मति खोवै,
चोर घुसै घर जाई।

षट चक्र की कनक कोठड़ी,
बस्त भाव है सोई।
ताला कुंजी कुलफ के लागे,
उघड़त बार न होई।

पंच पहरवा सोइ गए हैं,
बसतैं जागण लागी।
जरा-मरण व्यापै कुछ नांहीं,
गगन मंडल लै लागी।

करत विचार मनहीं मन उपजी,
नाँ कहीं गया न आया।
कहै 'कबीर' संसा सब छूटा
राँम रतन धन पाया।

हे! मन तू चेतनाशून्य हो अपनी पूँजी को मत खो, अन्यथा माया रूपी चोर का शरीर के घर में प्रवेश हो जाएगा।

यह शरीर षट्चक्रों से युक्त स्वर्ण-कोठरी है, जिसमें कुंडलिनी सुप्तावस्था में पड़ी है, किंतु जब प्राणायाम द्वारा कुंडलिनी चक्रों का भेदन करती हुई ऊपर जाएगी तो समस्त रहस्य प्रकट हो जाएगा।

इस अवस्था में पहुँचकर शरीर की पाँच ज्ञानेंद्रियाँ रूपी पहरेदार, जो समस्त क्रियाओं के संचालक हैं, सो गए हैं; उसके सोते ही कुंडलिनी जग गई और ब्रह्मरंध्र पर पहुँच गई। वहाँ पहुँचने पर फिर जीवात्मा को जन्म-मरण का भय नहीं रहता।

मन में विचार करते ही यह सिद्धि प्राप्त हुई है। इसके लिए मुझे कहीं इधर-उधर न भटकना पड़ा। कबीर कहते हैं कि इस प्रकार राम रूपी अमूल्य रत्न को प्राप्त कर मैं संसार-संशय से छूट गया।

मन मस्त हुआ तब क्यों बोले

मन मस्त हुआ तब क्यों बोले।
हीरा पायो गाँठ गठियायो,
बार-बार बाको क्यों खोले।
हलकी थी तब चढ़ी तराजू,
पूरी भई तब क्यों तोले।

सुरत कलारी भई मतवारी,
ताल तलैंया क्यों डोले।
हंसा पाये मानसरोबर,
ताल तलैया क्यों डोले।

तेरा साहब है घर मांही,
बाहर नैंना क्यों खोले।
कहैं 'कबीर' सुनो भाई साधो,
साहब मिल गए तिल ओले।

कबीरदास जी कहते हैं कि जब मन परमानंद में मग्न हो गया है, तो उसे परम शांति का लाभ हो गया है, अत: उसकी बाहरी गतियाँ समाप्त हो गई हैं। अब वह बोलता नहीं है।

अब आत्मज्ञान या ब्रह्मज्ञान रूपी हीरा उसे मिल गया है। इस हीरे को उसने सँभालकर गाँठ में बाँध लिया है, अत: बार-बार गाँठ खोलने से क्या लाभ?

जब तक मन में हलकापन था, तब तक यह स्वयं को तोलता रहा, अब पूर्ण ज्ञान हो जाने पर यह स्वयं को क्यों तोलेगा? सुरति या स्मृति रूपी मदिरा बेचने वाली स्वयं बहुत अधिक मदिरा पीकर मतवाली हो गई है। जब हंस को मानसरोवर की प्राप्ति हो जाती है तो व्यर्थ ही छोटे-बड़े अन्य तालाबों पर क्यों भटके?

कबीर कहते हैं कि शरीर रूपी दुर्ग का स्वामी अर्थात् ईश्वर मनुष्य के भीतर रहता है इसलिए कहीं भटकना नहीं पड़ा। वह उसे समीप ही मन के भीतर ही प्राप्त हो गया है।

मन रे कागद का पुतला

मन रे कागद का पुतला।
लागै बूँद बिनसि जाइ छिन मैं,
गरब करै क्या इतना।

माटी खोदहिं भींत उसारै,
अंध कहै घर मेरा।
आवै तलब बाँधि लै चालै,
बहुरि न करिहै फेरा।

खोट कपट यहु धन जोर्‌यौ,
लै धरती में गाड्यौ।
रोक्यो घटि सांस नहीं निकसै,
ठौर-ठौर सब छाड्यौ।

यह शरीर कागज के पुतले के समान हैं। कालरूपी पानी की एक बूँद लगते ही यह क्षण-भर में नष्ट हो जाता है। इस पर इतना अभिमान क्या करना?

मिट्टी खोदकर व्यक्ति ने दीवार खड़ी कर ली है और अज्ञान से भरकर कहता है कि यह मेरा घर है। किंतु जैसे ही मृत्यु का आदेश आता है वैसे ही यमदूत इस शरीर को बाँधकर ले जाते हैं। उसके बाद फिर से इस घर में आने का अवसर नहीं मिलता है।

व्यक्ति अनेक प्रकार के झूठ बोलकर, कपट करके धन एकत्र करता है और लालच से भरकर उसे धरती में गाड़ देता है। मृत्यु के आगमन पर दम छूटता है, सांस बाहर नहीं निकलती है और धरती में गड़ा हुआ धन गड़ा ही रह जाता है।

मन रे कागद कीर पराया

मन रे कागद कीर पराया
कहा भयौ व्यौपार तुम्हारै,
कल तर बढ़ै सवाया।

बड़ैं बोहरै सांठों दीन्हौं,
कल तर काढ़्यो खोट।
चार लाष अरु असी ठींक दे,
जनम लिष्यौ सब चौटै।

अब की बेर न कागद कीर्‌यौ,
तौ धर्मराइ सूं तूटै।
पूँजी बितड़ि बंदि लै दैहै,
तब कहै कौंन कै छूटै।

गुरदेव ग्यांनीं भयौ लगनियाँ,
सुमिरन दीन्हौं हीरा।
बड़ी निसरनी नांव रांम कौ,
चढ़ि गयौ कीर कबीरा।

कबीर कहते हैं कि मन! तूने दूसरे बौहरे का कागज भरा है। ये पाप जो तू अर्जित कर रहा है, उसी प्रकार कल तक सवा गुने बढ़ जाएँगे, जिस भाँति बौहरे का सूद।

यह तेज बौहरा कल तक तुझ पर सूद बढ़ाकर न जाने क्या-क्या दोष निकाल देगा, जिसका फल तुझे चौरासी लाख योनियों में जन्म लेकर भटकते हुए उठाना पड़ेगा। यदि अब की बार इस मनुष्य-जन्म में कागज का सब पाप-कर्म रूपी धन न चुका दिया तो मृत्यु के पश्चात् धर्मराज तुझसे रुष्ट हो जाएँगे। पूंजी के बढ़ जाने पर तुझे जब बंदी कर देगा, तब तुझे कौन मुक्त कराएगा?

सद्‌गुरु रूपी जमानती ही स्मरण का हीरा देकर तुझे इससे मुक्त करा सकता है। जिसके द्वारा राम-नाम की सीढ़ी को पाकर इस संसार में आबद्ध कबीर भी भक्ति के चरम सोपान—प्रभु—को प्राप्त कर लेगा।

मन रे जब तैं राँम कह्यौ

मन रे जब तैं राँम कह्यौ,
पीछै कहिबे कौं कछू न रह्यौ
का जोग जगि तब दाँनाँ,
जौ तैं राँम नहीं जाँनाँ।

काँम क्रोध दोऊ भारे,
ताथैं गुरु-प्रसादि सब जारे।
कहै 'कबीर' भ्रम नासी,
राजा राँम मिले अबिनासी।

हे मन! जबसे मैंने राम-नाम जपा है, तबसे और कुछ वाणी का विषय संसार में रह ही नहीं गया। योग-साधना और जप-तप का क्या लाभ यदि तुम राम नाम का रहस्य न समझ सके।

काम और क्रोध दोनों जीवन को भारस्वरूप बना देते हैं, किंतु गुरु-प्रसाद से वे समाप्त हो गए। कबीर कहते हैं कि माया-भ्रम के नाश होने पर अविनाशी प्रभु के दर्शन हो जाते हैं।

माया तजूँ तजी न जाइ

माया तजूँ तजी न जाइ,
फिरि-फिर माया मोहि लपटाइ।

माया आदर, माया मांन,
माया नहीं तहां ब्रह्म-गियान।
माया रस माया का जांन,
माया कारनि तजै परान।

माया जप-तप, माया जोग,
माया बाँधे सबही लोग।
माया जल-थलि, माया आकासि,
माया ब्यापि रही चहुँ पासि।

माया माता, माया पिता,
अति माया अस्तरी सुता।
माया मरि करै ब्यौहार,
कहे 'कबीर' मेरे रांम अधार।

कबीर कहते हैं कि मैं इस माया को छोड़ने का प्रयास करता हूँ किंतु ये माया मुझे बार-बार अपने बंधन में जकड़ लेती है।

इस संसार में माया ही सब कुछ है। आदर, मान-सम्मान सब कुछ माया ही है। जहाँ माया का प्रभाव नहीं है, वहीं पर ब्रह्मज्ञान है। संपूर्ण विषयों के स्वाद माया के ही परिणाम हैं। इसी माया का आनंद प्राप्त करने के लिए जीव अपने प्राणों की बाजी लगा देता है।

जप-तप, योग आदि सब कुछ माया ही है। माया ने संसार के सब लोगों को बाँध रखा है। जल, थल, आकाश आदि सब माया ही हैं। माया सर्वत्र व्याप्त है।

माता-पिता भी माया ही है। स्त्री, पुत्र आदि तो माया के प्रगाढ़ रूप हैं। कबीर कहते हैं कि मुझे राम का ही तो भरोसा है इसलिए मैं माया को मारकर (अज्ञान और मोह को नष्ट करके) संसार में व्यवहार करता हूँ।

मुलां करि ल्यौ न्याव खुदाई

मुलां करि ल्यौ न्याव खुदाई,
इहि बिधि जीव का भरम न जाई।

सरजीव आंनैं देह बिनासै,
माटी बिसमल कीता।
जोति सरूपी हाथि न आया,
कहौ हलाल क्या कीता।

बेद कतेब कहौ क्यूं झूठा,
झूठा जो न विचारै।
सब घटि एक-एक करि जांनैं,
तो भीं दूजा करि मारै।

कुकड़ी मारै बकरी मारै,
हक-हक करि बोलै।
सबै जीव सांई के प्यारे,
उबरहुगे किस बोलै।

दिल नहीं पाक, पाक नहीं चींन्हां,
उसदा षोज न जांनां।
कहै 'कबीर' भिसति छिटकाई,
दोजग ही मन मांनां।

हे मुल्ला, तू वास्तविक एवं ईश्वरीय न्याय पर टिकने का प्रयास कर और पक्षपातपूर्ण दृष्टि को छोड़ दे। इस प्रकार बाह्य आचारों के प्रति आग्रह करने से जीव का भ्रम समाप्त नहीं हो सकता।

तुम जीवित प्राणी को लाते हो और उसका शरीर नष्ट कर देते हो। इस प्रकार उसकी चेतनहीन मिट्टी का जिब्ह करते हो। इस प्रकार हलाल करके तुम जीव के ज्योति स्वरूप को प्राप्त नहीं कर सके। फिर उसकी मिट्टी का

जिब्ह करके तुमने क्या बलिदान किया?

वेद और कुरान झूठे नहीं हैं। झूठा तो वह है जिसने उनके वास्तविक रहस्य को समझा नहीं। वेद और कुरान का उपदेश सुनकर तुमने सबके शरीर में एक ही परमात्मा का निवास तो माना किंतु व्यवहार में जीव को दूसरा समझकर मार दिया।

तुम मुर्गी मारते हो, बकरी को मारते हो। इसको अपना धर्म और अधिकार समझते हो। परंतु सभी जीव परमात्मा को प्यारे हैं, अतः क्या कहकर उनके मारने के पाप से बच पाओगे?

तुम्हारा हृदय पवित्र नहीं है। तुमने उस परम पवित्र परमात्मा को पहचाना नहीं है। उस परमतत्त्व की खोज भी तुम नहीं कर सके हो। तुमने स्वर्ग का मार्ग छोड़ दिया है और तुम्हारा मन नरक में ही रम गया है।

मेरी मेरी करतां जनम गयौ

मेरी-मेरी करतां जनम गयौ।
जनम गयौ परि हरि न कह्यौ।

बारह बरस बालपन खोयौ,
बीस बरस कछु तन न कियौ।
तीस बरस तैं राम न सुमिर्‌यौ,
फिरि पछितांनां बिरिध भयौ।

सूखे सरवरि पालि बँधावै,
लूनें खेति हठि बारि करै।
आयो चोर तुरंगहिं लै गयौ,
मोहड़ी राखत मुगध फिरै।

सीस चरन कर कंपन लागे,
नैंन नीरु असराल बहै।
जिभ्या बचन सूध नहिं निकसै,
तब सुक्रित की बात कहै।

कहै 'कबीर' सुनहु रे संतौ,
धन संच्यौ कछु संगि न गयौ।
आई तलब गोपालराइ की,
माया मंदिर छांड़ि चल्यौ।

'मेरी-मेरी' करते जीवन बीत गया। जीवन बीत गया, लेकिन हरि का नाम न कहा।

आयु के बारह वर्ष बालपन में खो दिए, बीस वर्ष तक कुछ तपस्या न की। तीस वर्ष तक राम का स्मरण न किया, फिर पश्चात्ताप हुआ कि अब बूढ़ा हो गया हूँ।

तालाब सूख जाने पर अब तू उसकी बँधानी बँधाता है; लुने हुए खेत

में जबरदस्ती रोक लगाता है। चोर आया, घोड़ा चुरा ले गया, लेकिन तू मूर्ख उसकी मोहड़ी रखाता फिरता है।

बुढ़ापे के कारण जब शीश, चरण और हाथ काँपने लगे, नेत्रों से निरंतर जल गिरने लगा, जीभ से शुद्ध वचन नहीं निकलता, तब तू अच्छी करनी की बात करता है।

कबीर कहते हैं कि ऐ संतो सुनो, लोगों ने धन इकट्ठा किया, लेकिन अंत समय कुछ भी साथ न गया। गोपालराय की बुलाहट ज्यों ही आई कि धन-धाम सब छोड़कर चल पड़ा।

मेरे तन मन लागी चोट सठौरी

मेरे तन-मन लागी चोट सठौरी।
बिसरे ग्यांन बुधि सब नाठी,
भई बिकल मति बौरी।

देह बदेह गलित गुन तीनूं,
चलत अचल भई ठौरी।
इत उत जित कित द्वादस
चितवत, यहु भई गुपत ठगौरी।

सोई पैं जानैं पीर हमारी,
जिहि सरीर यहु ब्यौरी।
जन 'कबीर' ठग ठग्यौ है बापुरौ,
सुंनि संमानी त्यौरी।

मेरा अंतर-बाह्य सब प्रभु की प्रेम-पीर से बिंधा हुआ है, जिससे समस्त ज्ञान-विज्ञान एवं विवेक नष्ट हो गया है और मैं प्रभु के लिए आकुल-व्याकुल हूँ।

मुझे अब अपने शरीर की भी सुधि नहीं है तथा मेरे लिए सत, रज, तम–त्रिगुणात्मक संसार की समाप्ति हो चुकी है। मैं जिधर भी देखता हूँ उधर द्वादश आदित्यों के प्रकाश में परिपूर्ण ईश्वर का दर्शन होता है–यह एक प्रकार से गुप्त रूप से जादू-सा हो गया।

मेरी व्यथा का अनुमान वही कर सकता है, जो स्वयं इस प्रेम-पीर से विद्ध हो। प्रभु-प्रेम पीर से पागल भक्त कबीर की लगन, समस्त चित्त-वृत्तियाँ अब शून्य में ही केंद्रित हो गईं, जहाँ प्रभु का वास है।

रसनां रांम गुन रमि रस पीजै

रसनां रांम गुन रमि रस (रमि) पीजै,
गुन अतीत निरमोलिक लीजै।

निरगुन ब्रह्म कथौ रे भाई,
जा सुमिरत सुधि-बुधि मति पाई।

विष तजि रांम न जपसि अभागे,
का बूड़े लालच के लागे।

ते सब तिरे राम रस स्वादी,
कहै 'कबीर' बूड़े बकवादी।

हे जीव, भगवान् राम के गुणों में तन्मय होकर भक्तिरस का पान करो। गुणों से अतीत और अमूल्य परमतत्त्व को ग्रहण करो।

हे भाई, निर्गुण ब्रह्म का गुणगान करो, जिसका स्मरण करने से सद्बुद्धि, ज्ञान और निष्ठा की प्राप्ति होती है।

हे अभागे जीव, विषयों की आसक्ति छोड़कर परमात्मा का भजन कर। विषय-सुख के लालच में पड़कर भवसागर में क्यों डूबता है?

जो भगवान् की भक्ति के रसिक हैं, वे सब भवसागर से पार हो जाते हैं और जो व्यर्थ के ज्ञान की बकवाद करते हैं, वे भवसागर में डूब जाते हैं।

रांम बिन जन्म-मरन भयौ भारी

रांम बिन जन्म-मरन भयौ भारी।
साधिक सिध सूर अरु सुरपति,
भ्रमत गए हारी।

ब्यंद भाव भ्रिग तत जंत्रक,
सकल सुख सुखकारी।
श्रबत सुनि रवि ससि सिव सिव,
पलक तुरिह पल नारी।

अंतर-गगन होत अंतरधुनि,
बिन सासनि है सोई।
घोरत सबद समंगल सब घटि,
ब्यंदत ब्यंदै कोई।

पांणीं, पवन, अवनि, नभ, पावक,
तिहि संगि सदा बसेरा।
कहै 'कबीर' मन मन करि बेव्या,
बहुरि न कीया फेरा।

महात्मा कबीर कहते हैं कि साधक, सिद्ध, शूरवीर एवं देवराज इंद्र सब इस संसार में भटक-भटककर हार गए किंतु प्रभु के बिना तो वे जन्म-मरण के बंधन में ही बँधे रहते हैं।

प्रभु का प्रेम एक ऐसा मंत्र है, जो समस्त प्राणियों के लिए सुखदायी है। शिव, सूर्य, चंद्र आदि सब जानते हैं कि वह प्रभु पल में स्त्री तो कभी पल में पुरुष-रूप में परिवर्तित हो जाता है।

शून्य मंडल में उसके रहते हुए एक मंगल-ध्वनि होती है और वह प्रभु बिना प्राण-वायु के भी जीवित है। यह अनहद शब्द प्रत्येक हृदय में हो रहा है किंतु बिरले ही इसको सुनकर प्रभु की वंदना करते हैं।

उस ईश्वर के संपर्क में पृथ्वी, जल, अग्नि, गगन, वायु--सब हमेशा साथ रहते हैं। कबीर कहते हैं कि मन को मैंने इतनी दृढ़ता से नियंत्रित किया है कि यह पुन: विषय-वासनाओं में संलिप्त नहीं होगा।

रामं सुमिर नर बावरै

रांम सुमिर नर बावरै।
तेरी सदा न देहियां रे।

यहु माया कहौ कौन की,
काकै संग लागी रे।
गुदरी-सी उठि जाइगी,
चित्त चेति अभागी रे।

सोने की लंका बनीं भई,
धूर की धांनी रे।
सोई रावन की साहिबी,
छिन मांहिं बिलांनी रे।

बारह जोजन के बिखै चलै,
छत्र की छहियां रे।
सोइ जरिजोधन कह गए,
मिलि माटी महियां रे।

कहै 'कबीर' पुकारि कै,
इहां कोइ न आपनां रे।
यहु जियरा चलि जाइगा,
जस रैंनि का सपनां रे।

पगले आदमी, राम का स्मरण कर, क्योंकि तेरा शरीर जिस पर तुझे घमंड है, सदा नहीं रहेगा।

तुम स्वयं बताओ कि यह संपत्ति किसकी है और किसके साथ लगी है? गुदड़ी (बाज़ार) के मेले की तरह इसका मेला भी समाप्त हो जाएगा–ऐ अभागे, ज़रा इसका मन में विचार कर।

सोने की लंका बनी थी, लेकिन वह भी धूल की धानी हो गई औ

रावण का प्रभुत्व क्षण-भर में समाप्त हो गया।

बारह योजन तक फैले हुए ठाटबाट के बीच जो छत्र की छाँह में चलता था वह दुर्योधन मिट्टी में मिलकर कहाँ चला गया?

कबीर पुकार कर कहता है कि यहाँ कोई भी अपना नहीं है। यह जीव वैसे ही विलीन हो जाएगा जैसे रात का सपना विस्मृत हो जाता है।

लोका मति के भोरा रे

लोका मति के भोरा रे।
जो कासी तन तजै कबीरा,
तो रामहि कहा निहोरा रे।

तब हम वैसे अब हम ऐसे,
इहै जमक का लाहा।
ज्यूँ जल में जल पैसि न निकलै,
यूँ ढुरि मिल्या जुलाहा।

राम भगति परि जाको हित चित,
ताको अचिरज काहा,
गुरु प्रसाद साध की संगति।
जग जीते जाइ जुलाहा।

कहै 'कबीर' सुनहूँ रे संतो,
भ्रमि परै जिनि कोई।
जस कासौ तस मगहर ऊसर,
हिरदे राम सति होई।

संत कबीर कहते हैं कि लोगों की बुद्धि भ्रम में पड़ी हुई है। लोग कहते हैं कि कबीर को मरते समय काशी-वास करना चाहिए था ताकि उसे बैकुंठ मिलता परंतु सोचो तुम कि काशी में शरीर छोड़ने से क्या कबीर राम पर कोई उपकार (अहसान) करता!

कबीर कहते हैं कि जैसे हम काशी में मरते, वैसे ही मगहर में मरेंगे, इस जन्म का जो लाभ हमें मिलना था, मिल चुका, अब मरते समय क्या मिलना था।

कबीर कहते हैं कि जिस प्रकार पानी, पानी में मिलकर एकरूप हो जाता है, मिलने पर सब पानी ही कहलाता है। इसी प्रकार कबीर (रूपी नदी का जल) ब्रह्म (रूपी समुद्र के जल) में ढुलकर मिल गया है अर्थात् वह ब्रह्म

ही हो गया है।

इस बात से लोगों को आश्चर्य हो सकता है किंतु जो राम-भक्ति को ही अपना सर्वस्व मानते हैं, उन्हें मेरी इस बात पर कोई आश्चर्य नहीं होगा। गुरु की कृपा और सज्जनों की संगति का फल यह हुआ कि जुलाहे की जाति में जन्म लेकर भी मैंने संसार को जीत लिया अर्थात् मैं माया-मोह आदि से मुक्त हो गया हूँ।

कबीर कहते हैं कि हे संतो! कोई भी भ्रम में मत पड़ो। काशी और मगहर में कोई अंतर नहीं है यदि हृदय में सत्यभाव है तो मगहर में मरने से भी तुम्हें बैकुंठ मिलेगा।

वे दिन कब आवैंगे माइ

वे दिन कब आवैंगे माइ,
जा कारनि हम देह धरी है,
मिलिबौ अंगि लगाइ।

हौं जांनू जे हिल-मिलि खेलूँ,
तन मन प्रांन समाइ।
या कामनां करौ परपूरन,
समरथ हौ रांम राइ।

मांहि उदासी माधौ चाहै,
चितवन रैंनि बिहाइ।
सेज हमारी स्यंघ भई है,
जब सोऊँ तब खाइ।

यहु अरदास दास की सुनिये,
तन की तपति बुझाइ।
कहै 'कबीर' मिलै जे सांई,
मिलि करि मंगल गाइ।

हे सखी, वह शुभ दिन कब आएगा? जिस भगवान् से मिलन के लिए मैंने इस मानव शरीर का धारण किया है, उनसे अंग से अंग मिलाकर कब मिलना होगा?

मेरी तीव्र आकांक्षा है कि मैं परमात्मा के साथ हिल-मिल कर खेलूँ और अपने तन, मन तथा प्राणों को पतिरूप परमात्मा में मिला दूँ। हे राजा राम, आप पूरी तरह समर्थ हैं इसलिए आप मेरी ये कामना पूर्ण कीजिए।

मेरा उदास मन माधव को चाहता है। उनकी प्रतीक्षा करते-करते मैं सारी रात व्यतीत कर देती हूँ। पति के अभाव में मेरी शैया सिंह के समान प्रतीत होती है। जब मैं उस पर सोती हूँ तो वह मुझे काटने को दौड़ती है।

हे प्रभु, अपने भक्त की यह प्रार्थना अवश्य सुनिए तथा मेरे हृदय की तड़प को शांत कीजिए।

कबीर कहते हैं कि यदि मुझे प्रभु की प्राप्ति हो जाए तो मैं उनके साथ मिलकर आनंद और मंगल के गीत गाऊँ।

संतौ भाई आई ग्यांन की आँधी रे

संतौ भाई आई ग्यांन की आँधी रे।
भ्रम की टाटी सबै उणाँणी,
माया रहै न बाँधी रे।

दुचिते की दोइ थुंनीं गिरांनीं,
मोह बलींडा तूटा।
त्रिस्नां छांनि परी धर ऊपरि,
कुबधि का भांडा फूटा।

जोग-जुगति करि संतौं बाँधी,
निरचू चुवै न पांणीं।
कूड़ कपट काया का निकस्या,
हरि की गति जब जांणी।

आँधी पीछे जो जल बूठा,
प्रेम हरी का जन भींनां।
कहै कबीर भांन के प्रगटें,
उदित भया तम षींनां।

हे भाई संतो, अब मेरे हृदय में ज्ञान की आँधी चलने लगी है। इससे भ्रम का छप्पर उड़ गया है। अब माया मुझे बाँधकर नहीं रख सकती है।

मन के दुविधा रूपी दोनों खंभे, जिन पर छप्पर टिका हुआ था, गिर गए हैं। इस छप्पर का मोह रूपी म्याल भी टूट गया है। तृष्णा रूपी छान ज्ञान की आँधी से उड़कर धरती पर गिर गई है और कुबुद्धि का घड़ा टूट गया है।

संतों ने योग की युक्ति से इस जीवन रूपी छप्पर को फिर से बाँध दिया है। अब इसमें से वासना का जल नहीं चू रहा है। इस शरीर में से कपट का कूड़ा निकल गया है। अब मुझे भगवान् के वास्तविक रूप का दर्शन हो गया है।

ज्ञान की आँधी के बाद भगवान् के अनुग्रह और प्रेम के रस की वर्षा हुई है, इससे भक्त-जन प्रेम के महारस से भीग गए हैं। कबीर कहते हैं कि ज्ञान रूपी सूर्य के उदित होते ही अज्ञान का अंधकार क्षीण हो गया है।

हंम तौ एक एक करि जांना

हंम तौ एक एक करि जांना।
दोइ कहैं तिनहीं कौं दोजग,
जिन नांहिन परिचांना।

एकै पवन, एक ही पांनीं,
एक ज्योति संसारा।
एक ही खाक घड़े सब भांडे,
एक ही सिरजन हारा।

जैसैं बाढ़ी काष्ट को काटै,
अगिनि न काटै कोई।
सब घटि अंतरि तूं हीं व्यापक,
धरै सरूपैं सोई।

माया मोहे अर्थ देखि करि,
काहे कूं गरबांनां।
निरभै भया कछू नहीं ल्यापै,
कहै 'कबीर' दिवांना।

कबीर कहते हैं कि हमने तो प्रभु को एक ही परब्रह्म के रूप में जाना है। जो व्यक्ति प्रभु को एक से अधिक बताते हैं अथवा जो प्रभु और संसार दोनों को सत्य मानते हैं, वे नरक के अधिकारी हैं।

उन्होंने प्रभु के वास्तविक रूप को नहीं पहचाना है। संसार में एक ही पवन चल रहा है एवं जल भी एक ही है। समस्त संसार एक ही परम ज्योति के प्रकाश से अथवा एक ही सूर्य से प्रकाशित है। एक ही मिट्टी से सृजनकार ब्रह्म ने मनुष्यों के रूप में विविध आकार के पात्रों का निर्माण किया है। इन सबसे यही सिद्ध होता है कि प्रभु एक ही है।

जिस प्रकार बढ़ई लकड़ी को ही काटता है, अग्नि को कोई नहीं काट सकता, उसी प्रकार हम भौतिक उपादानों को तो नष्ट कर सकते हैं किंतु परम

ज्योति स्वरूप ब्रह्म को नष्ट नहीं किया जा सकता। हे प्रभु! समस्त संसार के हृदय में आपका निवास है, समस्त संसार के रूप में प्रभु ही विविध रूपों में भासित है।

हे मनुष्य! क्यों व्यर्थ अहंकार करता है, तेरा चंचल मन धन एवं अन्य माया प्रलोभनों में सहज ही फँस जाता है। कबीर कहते हैं कि प्रभु के प्रेम में अनुरक्त भक्त को किसी प्रकार का सांसारिक भय नहीं रह जाता, वह तो प्रभु के प्रेम में ही लीन रहता है।

सब भूले हो पाषंडि रहे

सब भूले हो पाषंडि रहे,
तेरा बिरला जन कोई राम कहै।

होइ अरोकि बूंटी घसि लावै,
गुर बिन जैसैं भ्रमत फिरै।
है हाजिर परतीति न आवै,
सो कैसैं परताप धरै।

ज्यूं सुख त्यूं दुख द्रिढ़ मन राखै,
एकादसी इकतार करै।
द्वादसी भ्रमैं लष चौरासी,
गर्भ बास आव सदा मरै।

मैं तैं तजै तजैं अपमारग,
चारि बरन, उपरांति चढ़ै।
ते नहीं डूबै पार तिरि लंघै,
निरगुण अगुण संग करै।

होइ मगन रांम रँगि राचै,
आवागमन मिटै धापै।
तिनह उछाह सोक नहीं व्यापै,
कहै 'कबीर' करता आपै।

समस्त मानव प्रभु को भूलकर संसार के जंजाल में उलझे हुए हैं, कोई-कोई ही प्रभु का नाम लेता है। सद्गुरु के बिना उसे जानने के चाहे कितने ही प्रयत्न किए जाएँ किंतु सब व्यर्थ हो जाते हैं। वह प्रभु विद्यमान है, किंतु इस बात का विश्वास किसी को नहीं है कि वह किस भाँति इतना अनुपम है।

मनुष्य को सुख-दुख में समान भाव रखते हुए मन सहित दसों इंद्रियों

को प्रभु में केंद्रित रखना चाहिए। किंतु वह तो शरीर के द्वादश अंगों की पूर्ति में ही भटकता रहता है। इस कारण उसे बार-बार गर्भ में आकर चौरासी लाख योनियों में यातना भोगनी पड़ती है।

जो व्यक्ति चारों वर्णों का भेद-भाव छोड़कर 'मैं' और 'पर' की भावना को समाप्त कर देते हैं, वे संसार-सागर में डूबते नहीं हैं अपितु उस परब्रह्म का साक्षात्कार कर लेते हैं।

मग्न होकर प्रभु-भक्ति में लगने से व्यक्ति आवागमन के चक्र से विमुक्त हो जाता है। ऐसे लोगों की बुद्धि सम अवस्था को प्राप्त कर लेती हैं और वे ब्रह्म से मिल जाते हैं।

हम न मरैं मरिहै संसारा

हम न मरैं मरिहै संसारा।
हमकौं मिला जिआवनहारा।

साकत मरहिं संत जन जीवहिं।
भरि-भरि रांम रसाइन पीवहिं।

हरि मरिहै तौ हंमहूं मरिहै।
हरि न मरै हम काहे कौ मरिहै।

कहै कबीर मन मनहिं मिलावा,
अमर भए सुखसागर पावा।

हम नहीं मरेंगे, संसार मर-मर जाएगा; क्योंकि हमको ज़िंदगी देने वाला राम मिल गया है।

शाक्त मर जाता है, संत लोग अमर हो जाते हैं, क्योंकि वे राम-रसायन (जीवन देनेवाली औषधि) छककर पीते हैं।

हरि मरेगा तो हम भी मरेंगे। हरि न मरेगा तो हम क्यों मरेंगे?

कबीर कहते हैं कि हमने अपना मन उन्मन में (अथवा परमात्मा में) मिला दिया है; (इस प्रकार) हम तो अमर हो गए, क्योंकि हमने सुखसागर को प्राप्त कर लिया है।

हरि जननीं मैं बालक तेरा

हरि जननीं मैं बालक तेरा,
काहे न औगुण बकसहु मेरा।

सुत अपराध करै दिन केते,
जननीं कै चित रहैं न तेते।

कर गहि केस करे जौ घाता,
तऊ न हेत उतारै माता।

कहे 'कबीर' एक बुधि विचारी।
बालक दुखी दुखी महतारी।

कबीर कहते हैं कि हे प्रभु! आप मेरी माता हो और मैं आपका पुत्र हूँ। आप मेरे अवगुणों को किसलिए क्षमा नहीं कर रहे हो?

पुत्र दिन-भर अनेक प्रकार के अपराध करता है किंतु माता उन्हें अपने हृदय में नहीं रखती। यहाँ तक कि पुत्र माता के केश पकड़कर उस पर प्रहार करता है किंतु माता अपना प्रेम उस पर से नहीं हटाती। तात्पर्य है कि माता का हृदय इतना विशाल होता है कि वह अपने पुत्र के सभी अपराधों को क्षमा कर देती है।

कबीरदास का अनुभव है कि यदि बालक दु:खी है तो बालक के दु:ख को देखकर उसकी माँ भी दु:खी हो जाती है और बालक के प्रसन्न होने पर माँ का मन भी प्रसन्न हो जाता है।

अभिप्राय यह है कि ईश्वर अपने भक्तों और साधकों के दु:ख को उसी प्रकार दूर करता है जैसे माता अपने पुत्र के दु:ख दूर करने के लिए तत्पर हो जाती है।

हरि नाँव न जपसि गँवारा

हरिनाँव न जपसि गँवारा।
क्या सोचहि बारंबारा।

पंच चोर गढ़ मंझा।
गढ़ लूटहिं दिवसउ संझा।
जउ गढ़पति मुहकम होई।
तौ लूटि सकै नाँ कोई।

अँधियारै दीपक चाहिअै।
तब बस्तु अगोचर लहिअै।
जब बस्तु अगोचर पाई।
तब दीपक रहा समाई।

जौ दरसन देखा चाहिअै।
तौ दरपन माँजत रहिअै।
जब दरपन लागै काई।
तब दरसन किया न जाई।

का पढ़िएँ का गुनिएँ।
का बेद पुरांनां सुनिएँ।
पढ़ें गुनें क्या होई।
जउ सहज न मिलिऔ सोई।

कहै कबीर मैं जांनां।
मैं जांनां मन पतियाँनाँ।
पतियांनां जौ न पतीजै।
तौ अंधे कौं का कीजै।

ऐ गँवार, हरि का नाम नहीं जपता? तू बारंबार क्या सोच रहा है? गढ़

(शरीर) में पाँच चोर (पंच विकार अथवा पंच ज्ञानेंद्रियाँ) हैं जो उसे रात-दिन लूट रहे हैं (हमेशा शरीर की शक्ति कम रहे हैं।) अगर गढ़पति (मन) सावधान हो तो (गढ़ को) कोई भी न लूट सके।

अंधकार में दीपक (ज्ञान-प्रकाश) चाहिए, तभी दिखाई न देनेवाली वस्तु (परमात्मा) मिल सकती है। जब अगोचर वस्तु मिल जाती है, तब दीपक का काम समाप्त हो जाता है (तब ज्ञान की आवश्यकता भी नहीं रह जाती है)।

यदि दर्शन करना चाहते हो तो दर्पण को माँजते रहना (निर्मल रखना) चाहिए। जब दर्पण में काई लग जाती है (चित्त में विकार आ जाते हैं) तब चेहरा नहीं देखा जा सकता (अपना सच्चा रूप पहचाना नहीं जा सकता)।

पढ़ने-गुनने से क्या और वेद-पुराण सुनने से क्या? पढ़ने-गुनने से क्या होता है, अगर वह (परमात्मा या ज्ञान) सहज ही न मिल गया?

कबीर कहते हैं कि मैं तो वास्तविकता समझ गया हूँ, मैं समझ गया ऐसा मेरा मन मान गया। जिसको प्रतीति हो गई है यदि उसका विश्वास कोई न करे तो उस अंधे (विश्वासहीन, विवेकहीन) का क्या किया जाए?

हरि बिन झूठे सब व्यौहार

हरि बिन झूठे सब व्यौहार,
केते कोऊ करौ गँवार।

झूठा जप तप झूठो ग्यांन,
रांम रांम बिन झूठा ध्यांन।
बिधि न वेद पूजा आचार,
सब दरिया मैं वार न पार।

इंद्री स्वारथ मन के स्वाद,
जहाँ साच तहां मांडै वाद।
दास कबीर रह्या ल्यौ लाइ,
भर्म कर्म सब दिये बहाइ।

कबीर कहते हैं कि ईश्वर के बिना संसार के सभी कार्य व्यर्थ हैं, चाहे कोई मूर्ख कितने ही कर्म करे किंतु बिना प्रभु-आश्रय के उनका कोई महत्त्व नहीं।

जप, तप तथा ज्ञान भी व्यर्थ है। राम नाम के बिना सभी प्रकार के ध्यान व्यर्थ हैं। वेद-विधान, पूजा, आचार, सब कुछ प्रभु बिना नदी में डुबो देने योग्य हैं।

इंद्रिय-जन्य स्वाद एवं मन के स्वार्थ, जहाँ सत्यस्वरूप ब्रह्म है, नष्ट हो जाते हैं। कबीर ने तो प्रभु से अपनी लौ लगा ली है, इसलिए संसार का भ्रम और समस्त कर्म त्याग दिए हैं।

हरि बिन भरमि बिगूचे गंदा

हरि बिन भरमि बिगूचे गंदा।
जापहिं आउँ आपु दुटकावन,
ते बाँधे बहु फंदा।

जोगी कहहिं जागु फल मीठा,
और न दूजा भाई।
लुंचित मुंडित मोनि जटाधर,
एहि कहहिं सिधि पाई।

पंडित गुनीं सूर कवि दाता,
एहि कहहिं बड़ हंमहीं।
जहाँ ते उपजे तहंईं समानें,
हरिपद बिसरा जबहिं।

तजि बावै दाहिनैं बिकारा,
हरि-पद दिढ़ करि गहिए।
कहै 'कबीर' गूँगै गुड़ खाया,
पूछें तैं क्या कहिए।

बिना हरि-भजन के गंदा प्राणी और अधिक असमंजस में पड़कर विनष्ट हो गया। जिसके पास अपने उद्धार के लिए जाता हूँ, वह स्वयं अनेक सांसारिक बंधनों में बँधा मिलता है।

योगी कहते हैं, 'योग ही मीठा है और भाई कुछ नहीं।' लुंचित, मुंडित, मोनी और जटाधारी–ये लोग कहते हैं, सिद्धि प्राप्त हो गई है।

पंडित, कलाकार, शूरवीर, कवि और दाता--ये लोग कहते हैं कि हम ही बड़े हैं, लेकिन हरि-भजन में चूक पड़ने पर वे जैसे उपजते हैं, वैसे ही विनष्ट हो जाते हैं।

विकारों का बाएँ-दाहिने छोड़कर भक्तिभाव को मजबूती से पकड़ना चाहिए। (दाहिने-बाएँ न भटककर सीधा रास्ता अपनाना चाहिए) कबीर कहते

हैं कि सहज दशा में इतना आनंद है जैसे गूँगा गुड़ खा ले--वह पूछने पर भला क्या उत्तर देगा? तात्पर्य यह है कि भक्ति का स्वाद केवल अनुभव की वस्तु है, उसका वर्णन नहीं हो सकता।

हो बलियाँ कब देखैंगी तोहि

हो बलियाँ कब देखौंगी तोहि।
अहनिस आतुर दरसनं कारनि,
ऐसीं व्यापै मोहि।

नैन हमारे तुम्ह कूँ चाहौ,
रती न मानें हारि।
बिरह-अगिनि तन अधिक जरावै,
ऐसी लेहु बिचारि।

सुनहु हमारी दादि गुसाँई,
अब जिन करहु अधीर।
तुम्ह धीरज मैं आतुर स्वामी,
काचै भांडे नीर।

बहुत दिनन के बिछुरे माधौ,
मन नहीं बाँधै धीर।
देह छतां तुम्ह मिलहु कृपा करि,
आरतिबंत कबीर।

हे भगवन्, मैं आप पर बलिहारी हूँ। मुझे आपके दर्शन कब होंगे? मैं रात-दिन आपके दर्शनों के लिए व्याकुल रहता हूँ। मुझे गहरी विरह-वेदना है।

मेरे ये नेत्र आपको ही देखना चाहते हैं और दर्शन की चाह में रत्तीभर भी किसी से हार नहीं मानना चाहते हैं। विरह की अग्नि मेरे शरीर को अत्यधिक तप्त कर रही है। आप अपने मन में स्वयं मेरी दयनीय स्थिति पर विचार कर लीजिए।

हे स्वामी मेरी प्रार्थना सुन लीजिए। अब आप मुझे और अधिक अधीर और व्याकुल न कीजिए। हे भगवन्, आप तो धैर्य की साक्षात् मूर्ति हैं और मैं साक्षात् आतुर हूँ। मेरा अस्तित्व कच्चे घड़े में पूरित जल के समान है। (यह शरीर रूपी घड़ा जब चाहे फूट सकता है और प्राणरूपी जल इसमें से बहकर

निकल सकता है। तात्पर्य यह है कि प्रभु शाश्वत और अमर हैं जबकि जीवात्मा नश्वर है।)

हे माधव, मैं जन्म-जन्मांतर से बिछुड़ा हुआ हूँ। अब मेरे मन में धैर्य नहीं रह गया है। हे प्रभु, अब मेरा शरीर भी क्षीण होता जा रहा है; अतः दुःखी कबीर पर आप शरीर में प्राण रहते हुए अनुग्रह कीजिए।

कबीर काव्य

साखी

साखी

1

अंतर कँवल प्रकासिया, ब्रह्म वास तहाँ होइ।
मन भँवरा तहाँ लुबधिया, जांणैगा जन कोइ।

मेरे हृदय के भीतर कमल खिल रहा है अथवा मेरे शरीर के भीतर कमल विकसित हो रहा है, जिसमें ब्रह्म का निवास है। मेरा मन रूपी भ्रमर उस कमल रस के पान करने के लिए लालायित हो गया है, इस रहस्य को बिरले भक्त ही जान सकते हैं (इसका साक्षात्कार कुछ बिरलों को ही होता है)।

2

अंषड़ियाँ झाँई पड़ी, पंथ निहारि-निहारि।
ज़ीभड़ियाँ छाला पड्या, राम पुकारि-पुकारि।

प्रियतम् की बाट देखते-देखते आँखों में अँधेरा-सा छाने लगा है। इस जिह्वा पर भी राम को पुकारते-पुकारते छाले पड़ गए हैं अर्थात् ये दोनों अंग पीड़ित हो गए हैं; परंतु अभी तक भगवान् से मिलन नहीं हुआ।

3

अकथ कहानी प्रेम की, कछू कही न जाय।
गूँगे केरी सरकरा, खाइ और मुस्काय।

कबीर कहते हैं कि प्रेम की कथा अकथनीय है। इसका वर्णन उसी प्रकार नहीं किया जा सकता, जिस प्रकार गूँगा व्यक्ति शर्करा को खाकर आनंदित तो होता रहता है किंतु उसकी मधुरता का वर्णन नहीं कर सकता।

4

आपनपौ न सराहिए, और न कहिये रंक।
नाँ जाँणौं किस बिरख तलि, कूड़ा होइ करंक।

आत्मश्लाघा करना तथा दूसरों को तुच्छ समझना—दोनों ही मिथ्या अभिमान के चिह्न हैं। यह शरीर नश्वर एवं तुच्छ है। पता नहीं यह शरीर हड्डियों का ढेर बनकर किस वृक्ष के नीचे पड़ा रहेगा।

5

आपा मेट्यां हरि मिलै, हरि मेट्या सब जाइ।
अकथ कहांणीं प्रेम की, कह्यां न को पतियाइ।

मनुष्य यदि अपने अहं (दर्प) को समाप्त कर दे तो प्रभु-प्राप्ति संभव है, किंतु जब संसार के आकर्षणों के सम्मुख ईश्वर को विस्मृत कर दिया जाता है तो सर्वस्व नष्ट हो जाता है। प्रभु-प्रेम की यह अद्‌भुत कहानी अवर्णनीय है। यदि इसका वर्णन किया जाए तो कोई विश्वास नहीं कर सकता।

6

आया था संसार मैं, देषण कौं बहु रूप।
कहै कबीरा संत हौ, पड़ि गया नजरि अनूप।

कबीर कहते हैं कि मैं इस संसार में अपनी अनेक वासनाओं से प्रेरित होकर अनेक रूप देखने के लिए आया था। परंतु हे संतो, यहाँ पर गुरु की कृपा से अनुपम रूप अर्थात् परमतत्त्व के दर्शन हो गए। इस कारण अनेक रूपों को देखने की अभिलाषा ही शेष नहीं रह गई।

7

आसा एक जु राम की, दूजी आस निरास।
पाँणी माँहे घर करैं, ते भी मरै, पियास।

आशा तो केवल राम की करनी चाहिए। बाकी सब आशाएँ व्यर्थ हैं। (अन्य देवताओं का आश्रय तो निरर्थक है।) आश्चर्य तो यह है कि जिसका निवास ही जल में है, वह भी प्यासा ही है!

8

इक दिन ऐसा होइगा, सब सूँ पड़ै बिछोय।
राजा राणा छत्रपति, सावधान किन होय।

एक दिन व्यक्ति को सभी से बिछुड़ना पड़ेगा। इस निश्चित नियति को सोचकर, राजा, राणा और छत्रपति सतर्क क्यों नहीं होते हैं? (अर्थात् वे विषय-भोगों से विरक्त होकर ईश्वर-भजन में क्यों नहीं लगते?)

9

इस तन का दीवा करौं, बाती मेल्हूँ जीव।
लींही सीचौं तेल ज्यूँ, कब मुख देखौं पीव।

विरह की असह्य स्थिति में आत्मा कह रही है कि इस शरीर का दीपक बना लूँ और प्राण को उसकी बत्ती कर दूँ। इसे अपने शरीर के रक्त-रूपी तेज से सींचती रहूँ ताकि उस प्रकाश में प्रियतम का मुख शीघ्र दिखाई दे जाए।

10

ऊजल कपड़ा पहरि करि, पान सुपारी खांहि।
एकै हरि का नांव बिन, बाँधे जमपुरि जांहि।

चाहे कोई कितना ही उज्ज्वल परिधान धारण करके, पान सुपारी खाकर साज-सज्जा करे, इससे मुक्ति संभव नहीं। एक प्रभु के नाम-स्मरण के अभाव में मनुष्य यमपुरी की यातना को भोगते हैं।

11

ऊँचै कुल क्या जनमियाँ, जे करणीं ऊँच न होइ।
सोवन कलस सुरै भर्‍यो, साधूं निंद्या सोइ।

ब्राह्मण आदि सवर्ण हिंदुओं पर व्यंग्य करते हुए कबीर कहते हैं कि यदि व्यक्ति के कर्म उच्च नहीं तो उच्च कुल में जन्म होने का क्या गौरव? स्वर्ण के कलश में यदि मदिरा भरी हुई है तो साधुजन तो उसकी निंदा ही करेंगे।

12

एक कनक अरु कांमनी, दोऊ अगनि की झाल।
देखें हीं तन प्रजलै, परस्यां ह्वै पैमाल।

कामिनि और कंचन दोनों ही अग्नि की ज्वाला के समान हैं और ऐसी प्रबल एवं विचित्र हैं कि इनके देखने-भर से व्यक्ति का शरीर जलने लगता है, (अर्थात् वासना से उत्तप्त हो जाता है।) इनके स्पर्श अर्थात् अधिकार और उपभोग से तो व्यक्ति बिलकुल भस्म ही हो जाता है।

13

ऐसा कोई नां मिलै, अपना घर देह जराइ।
पंचूं लरिका पटकि करि, रहै रांम ल्यौ लाइ।

हमें ऐसा कोई विरक्त और अपरिग्रही जीव नहीं मिला, जो अपनी विषय-वासनाओं एवं शारीरिक संपत्ति-रूपी घर को ज्ञान और प्रेम की आग से नष्ट कर दे तथा अपने काम-क्रोधादि पाँचों लड़कों की उपेक्षा करता हुआ उन्हें पटककर भगवान् के ध्यान में मग्न रहे।

14

ऐसा कोई नां मिलै, जासूँ कहूँ निसंक।
जासूं हिरदै की कहूँ, सो फिरि मांडै कंक।

मुझे ऐसा कोई विवेकी तथा सच्चा हितैषी नहीं मिला, जिसके समक्ष अपने हृदय की उलझनों को बिना किसी संकोच के प्रकट कर सकूँ। जिस किसी से मैं अपने हृदय की बात कहता हूँ वही एक और उलझन पैदा कर देता है अर्थात् साधना के किसी दूसरे पाखंड में फँसा देता है।

15

ऐसा कोई नां मिलै, सब विधि देइ बताइ।
सुनि मंडल मैं पुरिष एक, ताहि रहै ल्यौ लाइ।

हमें ऐसा कोई तत्त्वज्ञानी तथा साधनाविज्ञ गुरु नहीं मिला, जो हमें वह मार्ग दिखा देता है, जिससे हम उस शून्य गगन में निवास करने वाले परम-तत्त्व में ध्यान लगाए रहते।

16

ऐसा कोई नां मिलै, हम कौं दे उपदेश।
भौसागर मैं डूबतां, कर गहि काढ़े केस।

हमें ऐसा कोई गुरु नहीं मिला, जो सच्चे तत्त्वज्ञान का उपदेश देता और इस भवसागर में डूबते हुए हमें अपने हाथ में बाल पकड़कर निकाल लेता।

17

ऐसी बांणी बोलिये, मन का आपा खोय।
अपना तन सीतल करै, औरन कौं सुख होय।

मानव को अपना अहंकार छोड़कर ऐसी मधुर और विनम्र वाणी बोलनी चाहिए, जिससे उसे स्वयं भी शीतलता प्राप्त हो और सुनने वालों को भी सुख मिले।

18

कबीर आप ठगाइए, और न ठगिये कोई।
आप ठग्याँ सुख ऊपजै, और ठग्याँ दुख होइ।

कबीर कहते हैं कि स्वयं किसी दूसरे से ठगे जाओ, दूसरों को मत ठगो। स्वयं के ठगे जाने से आनंद और दूसरों को ठगने से दु:ख मिलता है।

19

कबीर आपण राम कहि, औराँ राम कहाइ।
जिहि मुखि राम न ऊचरे, तिहि मुख फेरि कहाइ।

कबीर कहते हैं कि स्वयं रामनाम का उच्चारण करो तथा अन्य लोगों से भी कराओ। जिस मुख से रामनाम नहीं निकलता है, उससे कहलाने की फिर-फिर चेष्टा करो।

20

कबीर इस संसार में, घणै मिनष मतिहींण।
राम नाम जांणै नहीं, आये टापा दीन।

कबीर कहते हैं कि इस विश्व में अनेक व्यक्ति मतिहीन एवं अज्ञानी हैं। उन्हें राम नाम का ज्ञान नहीं है। वे केवल अपने जीवन को व्यर्थ खोने और भटकने के लिए ही आए हैं।

21

कबीर कठिनाई खरी, सुमिरतां हरि नाम।
सूली ऊपरि नट विद्या, गिरूँ त नाहीं ठाम।

भगवान् के नाम-स्मरण में अनेक कठिनाइयाँ हैं। यह भी नट के सूली पर चढ़कर किए जाने वाले खेलों के समान है। इस सूली पर से गिरने पर जैसे नट के बचने की कोई आशा नहीं है, वैसे ही इस भक्ति-साधना से पथ-भ्रष्ट होने पर जीव के उत्थान का कोई मार्ग नहीं है।

22

कबीर कलियुग आइ करि, कीये बहुतज मीत।
जिन दिल बंधी एक सूं, ते सुखु सोवै नचींत।

कबीर कहते हैं कि मनुष्य इस कलियुग में आकर अनेक प्रकार के आकर्षणों में पड़ता है, किंतु जिसने अपना चित्त उस परमब्रह्म की भक्ति में लगा दिया, वह निश्चिंत होकर सुख की नींद सोता है और उसे सांसारिक बंधनों से मुक्ति मिल जाती है।

23

कबीर कहता जात हूँ, सुणता है सब कोइ।
राम कहें भल होइगा, नहिं तर भला न होइ।

कबीर कहते हैं कि मैं निरंतर यही कहता आ रहा हूँ कि राम-नाम जपने से ही कल्याण होगा। इस बात को सुनते तो सब हैं, किंतु आचरण नहीं करते।

24

कबीर कहा गरबियौ, इस जीवन की आस।
टेसू, फूले दिवस चारि, खंखर भये पलास।

कबीर कहते हैं कि इस क्षणभंगुर जीवन पर अपनी समस्त आशाएँ लगाकर गर्व करना व्यर्थ है। यह जीवन तो पलाश के वृक्ष की भाँति कुछ दिन अपनी आभा बिखराता है, फिर वह पलाश का वृक्ष ठूँठ (पत्र व कुसुम रहित) हो जाता है। यही स्थिति जीवन की है। संसार में कुछ दिन रहने के बाद यह अस्थि-चर्ममय शरीर क्षार हो जाता है।

25

कबीर कहा गरबियौ, ऊँचे देखि अवास।
काल्हि पुर्यभ्वैं लेटणां, ऊपरि जामैं घास।

कबीर कहते हैं कि हे मानव! तू अपने वैभव और ऐश्वर्य के सूचक ऊँचे-ऊँचे महलों और अट्टालिकाओं को देखकर व्यर्थ गर्व करता है। तू नहीं जानता कि शीघ्र ही मृत्यु को प्राप्त होकर तुझे कब्र में लेटना पड़ेगा, अर्थात् मिट्टी में मिल जाना पड़ेगा और उस पर (वह) घास खड़ी हो जाएगी (जिसे तू आज पैरों से कुचलता है)।

26

कबीर कहा गरबियौ, काल गहै कर केस।
नां जांणै कहाँ मारिसी, कै घरि कै परदेस।

कबीर कहते हैं कि इस क्षणभंगुर एवं अनिश्चित जीवन पर क्या अभिमान करता है? मृत्यु ने जीव को बालों से पकड़ ही रखा है। पता नहीं, काल उसे कहाँ मारेगा? उसके अपने घर पर ही अथवा परदेश में? (कहीं भी मार सकता है।)

27

कबीर कहा गरबियौ, चाम पलेटे हड्ड।
हैंबर ऊपरि छत्र सिरि, ते बी देबा खड्ड।

कबीर कहते हैं कि इस शरीर पर क्या गर्व करता है? यह चर्म से चिपटा हुआ हड्डियों का ढेर मात्र है। श्रेष्ठ एवं सुंदर घोड़ों पर छत्र धारण करके चलने वाले शरीर भी एक दिन गड्ढे में गाड़ दिए जाएँगे।

28

कबीर कहा गरबियौ, देही देखि सुरंग।
बीछड़ियाँ मिलिबौ नहीं, ज्यौं काँचली भुवंग।

रे मानव! इस सुंदर शरीर को देखकर क्या अभिमान करता है। एक बार इससे बिछुड़ने पर फिर मिलन नहीं हो सकता है। छूटने के बाद यह शरीर पुन: उसी प्रकार प्राप्त नहीं होता है जैसे साँप अपनी केंचुली को जब एक बार छोड़ देता है तो फिर उसे ग्रहण नहीं कर सकता है।

29

कबीर कूता राम का, मुतिया मेरा नाँउँ।
गलै राम की जेवड़ी, जित खैंचे तित जाउँ।

कबीर कहते हैं कि मैं राम का कुत्ता हूँ। मेरा नाम मुतिया है। गले में राम की रस्सी पड़ी है, अर्थात् राम से बँधा हुआ हूँ। जिधर मुझे राम ले जाते हैं, उधर ही चला जाता हूँ।

30

कबीर घास न नींदिए, जो पाऊँ तलि होइ।
उड़ि पड़ै जब आँखि मैं, खरी दुहेली होइ।

कबीर कहते हैं कि पैरों में पड़ी हुई घास की भी अवज्ञा नहीं करनी चाहिए। किसी समय उसका भी महत्त्व होता है। अगर उड़कर उसका कोई टुकड़ा भी आँख में पड़ जाता है तो अत्यंत कष्टदायक होता है।

31

कबीर घोड़ा प्रेम का, चेतनि चढ़ि असवार।
ग्यांन षड़ग गहि काल सिरि, भली मचाई मार।

कबीर कहते हैं कि प्रेम (भक्ति) रूपी घोड़े पर चढ़कर तथा अपने हाथ में ज्ञान-रूपी तलवार लेकर इस चेतन रूपी घुड़सवार ने संसार के युद्ध-स्थल में काल-रूपी शत्रु के सिर पर गहरे आघात किए हैं।

32

कबीर जंत्र न बाजई, टूटि गए सब तार।
जंत्र बिचारा क्या करे, चले बजावणहार।

कबीर कहते हैं कि मृत शरीर का यह बाजा अब नहीं बजता है। उसके सब तार टूट गए हैं। बेचारा यंत्र क्या करे? इसका तो बजानेवाला अर्थात् जीवात्मा ही इसे छोड़कर चला गया है।

33

कबीर तहाँ न जाइए, जहाँ कपट का हेत।
जालूँ कली कनीर की, तन रातौ मन सेत।

कबीर कहते हैं कि उस व्यक्ति के पास फटकना भी नहीं चाहिए, जो प्रेम का छल करता है अर्थात् दिखावा करता है। जैसे कनेर की कली जो ऊपर से लाल है, परंतु भीतर से श्वेत है। जो व्यक्ति ऊपर से अनुरागमय प्रतीत होता है, परंतु अंदर से रागशून्य है, ऐसा व्यक्ति त्याज्य है।

34

कबीर तूं काहे डरै, सिर परि हरि का हाथ।
हस्ती चढ़ि नहीं डोलियो, कूकर भसैं जु लाष।

कबीर, तुम क्यों डरते हो? तुम्हारे सिर पर भगवान् का हाथ है। पर हाथी पर चढ़कर मत डोलो अन्यथा कुत्ते तुम्हारे पीछे भौंकते रहेंगे। (अर्थात् अहंकारी और परिग्रही मत बनो, अन्यथा लोगों की ईर्ष्या के पात्र बन जाओगे।)

35

कबीर थोड़ा जीवणां, माड़े बहुत भंड़ाण।
सबही ऊभा मेल्हि गया, राव रंक सुलितान।

कबीर कहते हैं कि थोड़े-से जीवन के लिए व्यक्ति ने बहुत से साज-सामाज एकत्र किए हैं। परंतु काल ने खड़े-खड़े ही राना, राव, रंक और बादशाह सभी को ग्रस लिया है।

36

कबीर देवल ढहि पड्या ईंट भईं सैवार।
करि चेतारा सौं प्रीतिड़ी, ज्यूँ ढहै न दूजी बार।

यह मानव शरीर रूपी मंदिर ढह गया है। इसकी ईंटें गलकर सैंवार (घास) में परिणत हो गई हैं। (इसके सब उपकरण मिट्टी में मिल गए हैं।) कबीर कहते हैं कि इस मंदिर के निर्माण करने वाले ईश्वर-रूपी निर्माता से प्रेम करो, ताकि इस मंदिर को फिर कभी गिरना ही न पड़े, अर्थात् जीव को जन्म-मरण से ही मुक्ति मिल जाए।

37

कबीर नौबति आपणीं, दिन दस लेहु बजाइ।
ए पुर पट्टन, ए गली, बहुरि न देखे आइ।

रे जीव, सांसारिक सुखों की अपनी इस नौबत को दस दिन और बजा लो। उसके बाद तो तुम्हें यह नगर, यह शहर, ये गलियाँ देखने को मिलेंगी नहीं। (अर्थात् एक बार यह मानव-जीवन मिल गया है, उसमें चाहे जितना अहंकारपूर्ण एवं भोग-विलासमय जीवन व्यतीत करके इस सुयोग को नष्ट करो। फिर कभी तो यह सुयोग मिलने वाला नहीं है।)

38

कबीर पढ़िबो दूरि करि, पुस्तक देइ बहाइ।
बॉवन आखर सोधि करि, ररै ममैं चित लाइ।

कबीर कहते हैं कि भक्तिशून्य अध्ययन को दूर कर दो। केवल पुस्तकों में मत भटको, इनको बहा दो। बावन अक्षरों का शोधन करके उनका मूल सार ढूँढ़कर उसी में अपने चित्त को रमाओ। यह मूल सार केवल 'र' और 'म' है अर्थात् 'राम' है।

39

कबीर पांणी केरा बुलबुला, राख्या पवन सँवारि।
नाना बाणी बोलिया, जोति धरी करतारि।

कबीर कहते हैं कि यह शरीर पानी का बुदबुदा है और प्राण-रूपी वायु के सहारे टिका हुआ है। यह पंच भूतों का जड़ सम्मिलित शरीर अनेक प्रकार से बोल रहा है। इसमें सृष्टि-कर्त्ता ने ज्ञान की ज्योति प्रतिष्ठित कर दी है।

40

कबीर प्रेम न चषिया, चषि न लोया साव।
सूनें घर का पाहुणां, ज्यूं आया त्यूं जाव।

कबीर कहते हैं कि हे मनुष्य तूने प्रेम–भक्ति–का अनुभव किया ही नहीं और उसके अनुभव से बंचित होने पर तू उसका आनंद भी नहीं उठा सका। इस प्रकार तूने अपना जीवन व्यर्थ ही इस प्रकार नष्ट कर दिया जिस प्रकार सूने घर में आनेवाला अतिथि अनादृत ही लौट जाता है, उसे कुछ प्राप्त नहीं होता है।

41

कबिरा बन-बन मैं फिरा, कारणि अपणैं रांम।
रांम सरीखे जन मिले, तिन सारे सबरे कांम।

कबीर कहते हैं कि मैं ईश्वर-प्राप्ति के लिए वन-वन में भटकता रहा। परंतु जब मुझे राम-रूप भक्तजनों से साक्षात्कार हुआ तब उन्होंने मेरे सब काम सिद्ध कर दिए।

42

कबीर बादल प्रेम का, हम परि बरस्या आइ।
अंतरि भीगी आतमा, हरी भई बणराई।

प्रभु या गुरु के प्रेम एवं अनुग्रह का बादल हम पर बरस गया। उसके प्रेमरस से मेरी अंतरात्मा भीग गई और मैं आनंद से भर गया। इसी आनंद से संपूर्ण 'बनराजि' भी हरी-भरी हो गई, अर्थात् सारा विश्व चेतन एवं आनंदमय होने लगा।

43

कबीर माया डाकणीं, सब किसही कौं खाइ।
दाँत उपाड़ौ पापणीं, जे संतौं नेड़ो जाइ।

कबीर कहते हैं कि यह माया डाइन है, यह सभी संसारी व्यक्तियों को खा जाती है। परंतु यदि यह पापिन संतों के पास जाएगी तो उसके दाँत उखाड़ दूँगा। (तात्पर्य यह है कि माया का विनाशकारी एवं विषैला प्रभाव संत पर नहीं होता।)

44

कबीर माया पापणीं, हरि सूँ करै हराम।
मुखि कड़ियाली कुमति की, कहण न देई राम।

कबीर कहते हैं कि यह माया पापिन है। जीवों को भगवान् से विमुख करती है, उन पर दुर्मति की कढ़ी लगा देती है। इस प्रकार कभी भी उनसे राम-नाम का उच्चारण नहीं होने देती है।

45

कबीर माया मोहणीं, जैंसी मीठी खाँड़।
सतगुरु की कृपा भई, नहीं तौ करती भाँड़।

कबीर कहते हैं कि यह माया मोहिनी है। शक्कर जैसी मीठी है। सद्‌गुरु की कृपा हो गई कि ज्ञान-वैराग्य जाग गया, अन्यथा तो यह माया मुझे भांड (अर्थात् बहुरुपिया एवं मिथ्या प्रशंसक) बनाकर ही छोड़ती अथवा हँसी का पात्र बना देती।

46

कबीर माया मोहिणीं, मोहे जांण सुजांण।
भाग्यां ही छूटै नहीं, भरि-भरि मारै बांण।

कबीर कहते हैं कि यह माया मोहिनी है। यह ज्ञानी और बुद्धिमानों को भी मोहित कर लेती है। इसकी मोहिनी शक्ति से भागकर अर्थात् इससे अलग रहने के प्रयास से इससे मुक्ति नहीं मिल सकती है, क्योंकि यह पूरी शक्ति के विषय-रूपी बाण मारती है।

47

कबीर मारग अगम है, सब मुनिजन बैठे थाकि।
तहाँ कबीरा चलि गया, गहि सतगुरु की साषि।

ब्रह्म-प्राप्ति का मार्ग दुर्गम है। सब मुनिगण चलने से थककर बीच में ही बैठ गए हैं। परंतु कबीर अपने गुरु की साक्षी से अर्थात् उनकी कृपा के बल पर वहाँ पहुँच गया है।

48

कबीर मारिग कठिन है, कोई न सकई जाय।
गए ते बहुड़े नहीं, कुशल कहै को आइ।

कबीर कहते हैं कि प्रभु तक जाने का मार्ग अत्यंत कठिन है। कोई वहाँ पहुँच नहीं सकता; और जो वहाँ पहुँच जाते हैं, वे वहाँ से लौटते नहीं, अत: उस पंथ का विवरण कौन दे? इसीलिए साधना-मार्ग की अगम्यता अगम्यता ही बनी हुई है।

49

कबीर माला काठ की, कहि समझावै तोहि।
मन न फिरावै आपणाँ, कहा फिरावै मोहि।

कबीर कहते हैं–रे मानव, तुझे काठ की माला भी चेतावनी दे रही है। वह कहती है कि तू मन को तो संसार से फिराता नहीं है, जिससे कल्याण हो सके, मुझे (माला के मनके) फिराने से क्या होता है?

50

कबीर यह तन जात है, सकै तो लेहु बहोड़ि।
नागे हा थूँ ते गए, जिनकै लाखि करोड़ि।

कबीर कहते हैं कि यह शरीर जा रहा है। अगर सामर्थ्य हो तो इसको वापस फेर लो अर्थात् इसका भगवद्भक्ति के लिए सदुपयोग करो। जिन लोगों के पास लाखों और करोड़ों की संपत्ति थी, वे भी रीते हाथ रह गए हैं।

51

कबीर यहु घर प्रेम का, खाला का घर नाहिं।
सीस उतारै हाथि करि, सो पैठे घर माँहि।

कबीर कहते हैं कि यह घर प्रेम का है, अपनी मौसी का नहीं। यहाँ रोने-धोने या अनुनय-विनय से काम नहीं चलता। प्रेम के घर में वही प्रवेश कर सकता है, जो सिर उतारकर अपने हाथ पर रख लेता है, अर्थात् अपना अहं भगवान् को समर्पित कर देता है, प्रेम के लिए मृत्यु का वरण करता है।

52

कबीर यहु जग अंधला, जैसी अंधी गाइ।
बच्छा था सो मरि गया, अभी चांम चटाइ।

कबीर कहते हैं कि यह संसार अपनी वासनाओं में उसी प्रकार अंधा है जैसे स्नेह के मोह में गाय अंधी रहती है। अपने बच्चे के मर जाने के बाद गाय खड़ी-खड़ी मृत चर्म के कृत्रिम बछड़े को चाटती रहती है, वैसे ही यह जीव भी मोहवश सत्य को छोड़कर जगत्रूप आभास से ही प्रेम करता रहता है।

53

कबीर राम रिझाइ लै, मुखि अंमृत गुण गाइ।
फूटा नग ज्यूं जोड़ि मन, संधै संधि मिलाइ।

कबीर कहते हैं कि तू अपने मुख से राम के अमृतमय गुणों का गान करके उन्हें प्रसन्न कर ले और इसी प्रकार उनसे अपना मन मिला, जिस प्रकार फूटे नग को नग से जोड़पर दोनों को एक कर दिया जाता है।

54

कबीर संगति साध की, कदे न निरफल होइ।
चंदन होसी बाँवना, नींव न कहसी कोइ।

कबीर कहते हैं कि साधु की संगति कभी भी निष्फल नहीं जाती है। साधु बाहरी आकार-प्रकार में चाहे कितना ही छोटा प्रतीत होता हो, परंतु आंतरिक शक्ति के कारण उसकी उपेक्षा नहीं हो सकती है। जैसे–चंदन का वृक्ष छोटा होने पर भी नीम नहीं कहला सकता हैं।

55

कबीर संगति साध की, बेगि करीजै जाइ।
दुरमति दूर गँवाइसी, देसी सुमति बताइ।

कबीर कहते हैं साधु की संगति करने में तत्परता दिखानी चाहिए अर्थात् सज्जनों की संगति तुरंत करनी चाहिए। वह दुर्बुद्धि दूर करेगी और सुमति प्रदान करेगी।

56

कबीर सतगुर नाँ मिल्या, रही अधूरी सीष।
स्वाँग जती का पहरि करि, घरि-घरि माँगै भीष।

कबीर कहते हैं कि यदि शिष्य को सदगुरु की प्राप्ति नहीं होती तो उसकी शिक्षा अपूर्ण रह जाती है। ऐसे व्यक्ति तपस्वी वेश धारण करके द्वार-द्वार पर भिक्षा माँगते हुए घूमते रहते हैं।

57

कबीर सब सुख राम है, और दुखां की रासि।
सुर-नर-मुनियर असुर सब, पड़े काल की पासि।

कबीर कहते हैं कि केवल भगवान् एवं उनका स्मरण ही आनंदस्वरूप तथा सुखों का कारण हैं। अन्य सब कार्य तो दु:खों का समूह है, दु:खों के हेतु हैं। देवता, मनुष्य, मुनिवर एवं असुर सभी मृत्यु के पाश में पड़े हुए हैं।

58

कबीर सुमिरण सार है, और सकल जंजाल।
आदि अंति सब सोधिया, दूजा देखौं काल।

कबीर कहते हैं कि भगवान् का स्मरण ही सार वस्तु है। बाकी सब तो केवल झंझट हैं, बंधन के हेतु हैं। मैं आदि और अंत अर्थात् साधन एवं परिणाम पर अच्छी तरह विचार करके इस निष्कर्ष पर पहुँचा हूँ कि इसके अतिरिक्त दूसरे सब नाश के कारण हैं।

59

कबीर सूता क्या करै, उठि न रोवै दुक्ख।
जाका बासा गोर मैं, सो क्यूं सोवै सुक्ख।

कबीर कहते हैं–हे मनुष्य तू सोया हुआ क्यों है अर्थात् अज्ञान की स्थिति में पड़ा हुआ क्या कर रहा है, अपने उद्धार का प्रयत्न क्यों नहीं करता? ताकि जागने पर (अर्थात् दूसरा जन्म लेने पर) तुझे अपने दु:खों के लिए रोना न पड़े। जिसका निवास मृत्यु के मुख में है, उस मनुष्य को सुख की निद्रा कैसे आ सकती है?

60

कबीर सूता क्या करै, गुण गोबिंद के गाइ।
तेरे सिर पर जम खड्या, खरच कदे का खाइ।

जीव को चेतावनी देते हुए कबीर कहते हैं–रे जीव! तू सोया हुआ क्या कर रहा है? तेरे सिर पर काल खड़ा हुआ है और पता नहीं कबसे वह तेरे ही खर्चे पर जी रहा है। तेरे अज्ञान के कारण ही यह जीवित है। तू भगवान का स्मरण क्यों नहीं करता, ताकि तुझे इस काल से मुक्ति मिल जाए।

61

कबीर सूता क्या करै, सूताँ होइ अकाज।
ब्रह्मा का आसण खिस्या, सुणत काल की गाज।

कबीर कहते हैं कि हे मनुष्य तू सोता हुआ अर्थात् अज्ञानावस्था में क्या कर रहा है? इस अज्ञान से तो तेरी हानि ही हो रही है, क्योंकि आयु अल्प है और कालचक्र किसी को भी नहीं छोड़ता। उसकी गति के भय से ब्रह्मा का आसन भी खिसक गया है—मनुष्यों की तो बात ही क्या!

62

कबीर सोइ दिन भला, जा दिन संत मिलाँहि।
अंक भरे भरि भेंटिया, पाप सरींरौं जाँहि।

कबीर कहते हैं कि वही दिन अच्छा है, जिस दिन संत लोग मिलते हैं। उनके गले से गले मिलने से शरीर के संपूर्ण पाप नष्ट हो जाते हैं।

63

कबीर सोई सूरिमां मन सूँ मांड़ै झूझ।
पंच पयादा पाड़ि ले, दूरि करै सब दूज।

कबीर कहते हैं कि सच्चा शूरवीर वही है, जो वासनापूर्ण मन से युद्ध करके उसके शब्द, स्पर्श, रूप-रस और गंध अथवा ज्ञानेंद्रियों रूपी उसके पाँचों पैदल सैनिकों को भगा देता है और इस प्रकार द्वैत-भाव को नष्ट करने में सफल हो जाता है।

64

कबीर सो धन संचिये, जो आगै कूँ होई।
सीस चढ़ाएँ पोटली, ले जात न देख्या कोइ।

कबीर कहते हैं कि जो धन परलोक के लिए हो सके, उसका ही संचय करना चाहिए। वह धन तो ज्ञान और प्रेम ही है। लोग सांसारिक धन के संचय में जुटे हुए हैं। परंतु हमने तो मर जाने वाले किसी भी व्यक्ति के सिर पर इस धन की पोटली को नहीं देखा है।

65

कबीर हसणाँ दूरि करि, करि रोवण सौं चित्त।
बिना रोयाँ क्यूँ पाइए, प्रेम पियारा मित्त।

कबीर कहते हैं कि हँसना छोड़कर रोने में मन लगाओ, व्यथा में तन्मय हो जाओ। बिना रोये कहीं प्यारा प्रेमी और मित्र मिलते हैं?

66

कबीर हरि की भगति बिन, ध्रिग जीवन संसार।
धूँवाँ केरा धौलहर, जात न लागै बार।

कबीर कहते हैं कि भक्ति के बिना संसार में यह जीवन ही धिक्कार-योग्य है। यह जीवन धूप या बादलों का महल है। इसको नष्ट होते देर नहीं लगती।

67

कबीर हरि रस यौं पिया, बाकी रही न थाकि।
पाका कलस कुंभार (कुम्हार) का, बहुरि न चढ़ई चाकि।

कबीर ने भगवान् के साक्षात्कार एवं प्रेम का रस इस प्रकार और इतना पी लिया है कि अब उसकी सांसारिक यात्रा की थकान बिलकुल दूर हो गई है। भक्त कबीर भगवान रूपी कुंभकार का घड़ा है। उनके अनुग्रह एवं ज्ञान से उसका शरीर रूपी घट पक गया है, इसलिए संसार के आवागमन रूपी चाक पर उसे फिर नहीं चढ़ना है। वह इसी जन्म में मुक्त हो गया है।

68

कस्तूरी कुंडलि बसै, मृग ढूँढ़ै बन मांहि।
ऐसैं घटि घटि रांम है, दुनियां देखै नाहि।

मृग की नाभि में कस्तूरी रहती है। वह उसकी सुगंध से अभिभूत होकर उसे प्राप्त करने के लिए वन-वन में ढूँढ़ता फिरता है, उसी प्रकार आनंद-स्वरूप भगवान् प्रत्येक जीव के अंतःकरण में निवास करते हैं। किंतु जीव उस आनंद के आभास से मुग्ध होकर उसे प्राप्त करने की इच्छा से विभिन्न साधनाओं में भटकता रहता है।

69

कहा कियौ हम आइ करि, कहा कहैंगे जाइ।
इत के भए न उत के, चाले मूल गँवाइ।

मैंने मानव-शरीर प्राप्त करके क्या किया? वहाँ जाकर ईश्वर के समक्ष क्या जवाब दूँगा? न इस लोक का आनंद ही ले सका और न परलोक को सुधार सका। अपनी ज्ञान, प्रेम और पुण्य की जो मूल निधि थी, वह भी मैंने गँवा दी है।

70

कागद केरी नाँव री, पांणी केरी गंग।
कहै कबीर कैसे तिरूँ, पंच कुसंगी संग।

कबीर कहते हैं कि यह शरीर कागज की नौका है और यह संसार मायामोह के जल से भरी हुई गंगा है। इस जीवन-यात्रा में मेरे साथ काम-क्रोध आदि पाँच दुर्जन साथी हैं। ऐसी स्थिति में इस संसार-रूपी गंगा से कैसे पार उतर सकूँगा?

71

काजल केरी कोठड़ी, काजल ही का कोट।
बलिहारी ता दास की, जे रहै रांम की ओट।

यह जगत् काजल की कोठरी है, अर्थात् अज्ञान की कालिमा से परिपूर्ण है। इसका संरक्षण भी अज्ञान की चहारदीवारी द्वारा की गई है। वह भक्त धन्य है, जिसने भगवान् की शरण ले ली है। इस कारण उस पर संसार की कालिमा का कोई असर ही नहीं होता।

72

काजल केरी कोठरी, मसि के कर्म कपाट।
पांहनि बोई पृथमीं, पंडित पाड़ी बाट।

पंडित का यह संसार काजल की कोठरी है और उसके किवाड़ कर्म-रूपी स्याही के बने हुए हैं। उसने पृथ्वी को पाषाण की मूर्तियों से बो रखा है। इस प्रकार पंडित संसार पर डाका डाल रहा है।

73

काजी मुलां भ्रमियां, चल्या दुनीं कै साथि।
दिल थैं दींन बिसारिया, करद लई जब हाथि।

जब काजी और मौलवी ने जीव-हत्या के लिए अपने हाथ में छुरी पकड़ी, उसी समय से वे भ्रमित होकर धर्म के मार्ग से भटक गए हैं और दुनिया के साथ चलने लगे हैं। उन्होंने उसी समय से अपने धर्म को हृदय से भुला दिया है।

74

काबा फिर कासी भया, रांम भया रहीम।
मौट (मोठ) चून मैदा भया, बैठि कबीरा जीम।

संप्रदायवादी आग्रहों को छोड़ देने और समन्वय के मध्यम मार्ग को अपनाने पर काबा फिर से काशी हो गया है और राम रहीम बन गए हैं। क्योंकि अब भेद का ज्ञान कराने वाली भावना समाप्त हो गई है। भेदों का घांटा हुआ चून अब पिसकर मैदा बन गया है। कबीर तू इस मैदा का भोजन कर।

75

केसौ कहि-कहि कूकिये, नां सोइयै असरार।
रात दिवस कै कूकणें, (मत) कबहूँ लगै पुकार।

कबीर कहते हैं कि हे मनुष्य तू रात-दिन प्रभु का नाम ही लिया कर। तू अज्ञान में लिप्त होकर चैतन्यहीन मत हो। रात-दिवस की यह नाम-स्मृति की ध्वनि न जाने कब प्रभु के कान में पड़ जाए और वे तुझ पर कृपा कर दें।

76

केसौं कहा बिगाड़िया, जो मूँडै सौ बार।
मन कौं काहे न मूंडिए, जामैं बिषै बिकार।

कबीर कहते हैं कि इन बालों ने तुम्हारा क्या बिगाड़ा है जो तुम इनको सैकड़ों बार मुँड़ाते हो। इस मन को क्यों नहीं मुँडाते हो, जिसमें अनेक विषय प्रकार की वासनाएँ एवं उनके विकार भरे पड़े हैं।

77

खरी कसौटी रांम की, खोटा टिकै न कोइ।
रांम कसौटी सो टिकै, जौ जीवन मृतक होइ।

भक्ति और ज्ञान की कसौटी खरी है, इस पर नकली व्यक्ति नहीं टिक सकता है। जो इस कसौटी पर खरा उतरता है, वह वास्तव में जीवनमुक्त हो जाता है।

78

गुरु गोबिन्द तौ एक हैं, दूजा यहु आकार।
आपा मेट जीवत मरै, तौ पावै करतार।

गुरु और गोविंद दोनों एक ही हैं। इनका केवल आकार ही भिन्न-भिन्न है। जो शिष्य अपने अहंकार को मिटाकर जीवित अवस्था में अर्थात् शरीर के रहते हुए विषय-वासनाओं को त्याग देने के कारण उनके लिए मरा-सा हो जाता है, वही वास्तव में ईश्वर का साक्षात्कार कर सकता है।

79

गुरु गोविन्द दोऊ खडे, काके लागौं पाय।
बहिलारी गुरु आपणै, गोविन्द दियो बताय।

कबीर कहते हैं कि मेरे सामने गुरु और भगवान दोनों खड़े हुए हैं। मैं सर्वप्रथम किनके चरणों का स्पर्श करूँ? अपने गुरु की महत्ता का प्रतिपादन करते हुए कबीर कहते हैं कि मैं अपने गुरु पर न्योछावर हूँ, जिन्होंने मुझे ईश्वर के दर्शन करावाए हैं।

80

गूंगा हूवा बाबला, बहरा हुआ कान।
पाऊँ थैं पंगुल भया, सतगुर मार्या बाण।

सद्‌गुरु के उपदेश के बाण के लगते ही शिष्य गूँगा, पागल, कानों से बहरा और पैरों से लँगड़ा हो गया। भाव यह है कि शिष्य अपनी वाणी का दुरुपयोग व्यर्थ के वाद-विवाद में नहीं करता एवं उसके कान भी प्रेम और भक्ति की चर्चा के अतिरिक्त अन्य विषयों के प्रति बहरे हो गए हैं। सांसारिक प्रयत्नों से विरत होने के कारण वह लँगड़ा हो गया। इस विशेष स्थिति के कारण ही उसे पागल बताया गया है।

81

ग्यान प्रकास्या गुरु मिल्या, सो जिनि बीसरि जाइ।
जब गोविन्द कृपा करी, तब गुरु मिलिया आई।

रे मानव जब गुरु मिले तब ज्ञान का प्रकाश हुआ है। अब उस ज्ञान को भूल मत जाना। (अन्यथा तुझे फिर उसी संसार-चक्र में भटकना होगा) यह भी सत्य है कि राम की कृपा होने पर ही गुरु से मिलन संभव होता है।

82

चंदन भागां गुण करै, जैसे चोपीपंन।
दोउ जन भागां नां मिलै, मुकताहल अरु मंन।

चंदन के टुकड़े करने पर उनमें से सुगंध निकलती है और फैलती हैं, जैसे चोआ का लेप अथवा मंजीठ के पत्ते सुगंध दते हैं। पर मोती और मन ये दो वस्तुएँ विभक्त होने पर पुनः नहीं मिलती हैं और न ही इनके गुण में वृद्धि होती है।

83

चकवी बिछुटी रैणि की, आइ मिलि परभाति।
जे जन बिछुटे राम सूँ, ते दिन मिलैं न राति।

चकवी अपने पति से रात में बिछुड़ जाती है तो प्रातःकाल आकर मिल लेती है। पर जो जीव भगवान् से बिछुड़ गए हैं उनका मिलन न रात में होता है और न दिन में (वे जीवन-भर राम से बिछुड़े रहते हैं।)

84

चारयूँ बेद पढ़ाइ करि, हरि सूँ न लाया हेत।
बालि कबीरा ले गया, पंडित ढूँढ़े खेत।

चारों वेदों को पढ़ाने पर भी पंडित वेदों के अध्येता में भगवान् के प्रति प्रेम उत्पन्न नहीं कर पाया। (अथवा चारों वेदों का वक्ता होने पर भी उसमें भगवान् के प्रति प्रेम नहीं जागा।) प्रेम-रस और ज्ञान रूपी अन्न से भरी हुई बाल तो कबीर ले गया और तथाकथित पंडित सार-शून्य शब्दों के खेत को ही ढूँढ़ता रहा।

85

जब गण कूँ गाहक मिलै, तब गुण लाख बिकाइ।
जब गुण कौ गाहक नहीं, तब कौड़ीं बदलै जाइ।

गुण का ग्राहक मिलने पर ही गुण का मूल्य होता है। उस समय वह वस्तु लाखों में बिक जाती है। अगर गुण-ग्राहक का ही अभाव है तो वस्तु कौड़ियों के मूल्य में चली जाती है।

86

जब मैं था तब हरि नहीं, अब हरि है मैं नांहि।
सब अँधियारा मिटि गया, जब दीपक देख्या मांहि।

कबीर कहते हैं कि जब मुझमें अहंकार था, तब प्रभु का निवास मुझमें नहीं था किंतु अब अहंकार के नष्ट हो जाने पर वहाँ प्रभु ही प्रभु हैं, 'मैं' नहीं। जब मैंने ज्ञान का दीपक लेकर अपने अंत:करण को देखा तो मेरे हृदय का समस्त अंधकार दूर हो गया।

87

जहाँ न चींटी चढ़ि सकै, राई ना ठहराइ।
मंन पवन का गमि नहीं, तहाँ पहुँचे जाइ।

जो स्थान इतना दुर्गम है कि वहाँ चींटी भी नहीं चढ़ सकती है, जो इतना सूक्ष्म है कि वहाँ राई तक के लिए स्थान नहीं है, और जहाँ मन और प्राण तक की गति नहीं है, कबीर उसी पद को पहुँच गए हैं।

88

जाका गुरु भी अंधला, चेता खरा निरंध।
अंधे अंधा ठेलिया, दून्यूँ कूप पड़ंत।

जिसका गुरु अंधा है अर्थात् अज्ञानी है, और जो शिष्य पूर्णत: अंधा है (उसका अंधों का सा व्यवहार होता है) अंधा अंधे को ठेलता है और दोनों कुएँ में गिर जाते हैं। अर्थात् मार्ग और लक्ष्य को न जानने के कारण वे एक-दूसरे को ठेलते चलते हैं और अंत में विषय-वासना रूपी कुएँ में गिरकर दोनों नष्ट हो जाते हैं।

89

जाकै दिल में हरि बसै, सो नर कलपै काइ।
एकै लहरि समंद की, दुख दलिद्र सब जाइ।

जिस हृदय में भगवान् का निवास है, अर्थात् जिसे अपने हृदय में ईश्वर पर पूर्ण विश्वास है, उसे पछताने और दु:ख भोगने की क्या आवश्यकता है? भगवान् के अनुग्रह रूपी समुद्र की एक लहर-मात्र से उसके संपूर्ण दारिद्र्य और दु:ख समाप्त हो जाते हैं।

90

जाकै मुँह माथा नहीं, नाहीं रूप अरूप।
पुहुप बास थै पातला, ऐसा तत्त अनूप।

जीवात्मा के वास्तविक पति ब्रह्म के न मुख है, न सिर है, न रूप है और न रेखा। उसको रूपवान् या रूप-रहित भी नहीं कहा जा सकता है। वह पुष्प की गंध से भी अत्यंत क्षीण है अर्थात् केवल अनुभूति-गम्य है। भगवान् ऐसी ही अनुपम तत्त्व वस्तु है।

91

जाकौ जेता निरमया, ताकौं तेता होइ।
रती घटै न तिल बढ़ै, जो सिर कूटै कोइ।

जिसके लिए भगवान् ने जितना भोग रचा है, उसको उतना ही प्राप्त होगा। उसमें तनिक भी परिवर्तन संभव नहीं है, चाहे कोई कितना भी प्रयत्न करे।

92

जिनके नौबति बाजती, मैंगल बँधते बारि।
एकै हरि के नाँव बिन, गए जनम सब हारि।

जिनके द्वार पर नौबत बजती थी और मस्त हाथी बँधते थे, केवल एक भगवान् के नाम-स्मरण के अभाव में उनका संपूर्ण जीवन ही व्यर्थ हो गया।

93

जिहिं घट मैं संसौ बसैं, तिहिं घटि राम न जोइ।
राम सनेही दास बिचि, तिणां न संचर होइ।

जिस हृदय में संशय निवास करता है (अर्थात् जीव एवं ब्रह्मा के अद्वैत अथवा भक्त और भगवान् के ऐक्य में निष्ठा का अभाव या संदेह रहता है, उसको भगवान राम का वास्तविक साक्षात्कार नहीं हो पाता है।) भगवान् राम एवं उनके स्नेही भक्तों के बीच में तृण-मात्र का प्रवेश भी संभव नहीं है।

94

जिहिं घरि साध न पूजिये, हरि की सेवा नांहिं।
ते घर मड़हट सारषै, भूत बसै तिन मांहि।

कबीर का कथन है कि जिन घरों में साधु की पूजा और भगवान् की उपासना नहीं होती है, वे घर श्मशान के समान हैं। उन घरों में भूतों का निवास होता है।

95

जिहि घट प्रीति न प्रेम-रस, पुनि रसना नहीं राम।
ते नर इस संसार में, उपजि भये बेकाम।

कबीर कहते हैं कि जिनके हृदय में प्रेम का रस भरा हुआ नहीं है और जिनकी जीभ पर राम का नाम नहीं है, उन प्राणियों का इस संसार में जन्म लेना भी व्यर्थ हो गया।

96

जैसी मुख त नींकसै, तैसी चालै चाल।
पारब्रह्म नेड़ा रहै, पल मैं करै निहाल।

जिन सिद्धांतों की बातें व्यक्ति के मुख से निकलती हैं, अगर उन्हीं के अनुसार वह जीवन-यापन करे तो वह परब्रह्म के निकट आ जाता है। भगवान् उस व्यक्ति को पलभर में निहाल कर देते हैं।

97

जो गूँगे के सैन को, गूँगा ही पहचान।
त्यों ग्यानी के सुक्ख को, ज्ञानी होय सो जान।

कबीर कहते हैं कि जिस प्रकार गूँगे के संकेत को कोई दूसरा गूँगा ही जान सकता है, उसी प्रकार तत्त्वज्ञानी (आत्मा-परमात्मा के संबंध का वास्तविक ज्ञाता) के आनंद को केवल ज्ञानी ही समझ सकता है।

98

जोरी करि, जिबहै करैं, कहते हैं ज हलाल।
जब दफतर देखैगा दई, तब हैगा कौंण हवाल।

काजी जीव को जबरदस्ती पकड़कर उसकी इच्छा के विरुद्ध हत्या करता है और उसे हलाल (धर्मानुकूल बलि) मानता है। लेकिन जब भगवान् या विधाता उसके कर्मों का लेखा देखेगा, तब उस काजी की क्या दशा होगी?

99

जौ रोउँ तौ बल घटै, हँसौं तौ राम रिसाइ।
मन ही माँहि विसूरणा, ज्यूँ घुण काठहिं खाइ।

अगर रोता हूँ तो प्रेम की शक्ति कम होती है और अगर हँसता हूँ (अर्थात् विषयों में अनुरक्त होता हूँ अथवा व्यथा पर हँस लेता हूँ) तो व्यथा के कम हो जाने से भगवान् रुष्ट हो जाते हैं। इसलिए अंत:करण में विसूरना ही उचित है, ताकि व्यथा से अंदर ही अंदर इस प्रकार खोखला होता रहूँ जैसे दीमक के खाने से काठ होता रहता है।

100

ज्यूँ नैनूँ मैं पूतली, त्यूँ खालिक घट माँहि।
मूरिख लोग न जाँणहीं, बाहरि ढूँढण जाँहि।

जिस प्रकार नेत्रों में पुतली है, वैसे ही भगवान् संपूर्ण विश्व में व्याप्त हैं। परंतु अज्ञानी व्यक्तियों को इसका ज्ञान नहीं है, अत: वे उस परमतत्त्व को अपने से बाहर खोजते रहते हैं।

101

झूठे कौं झूठा मिलै, दूणाँ बधै सनेह।
झूठे कूँ साचा मिलै, तब ही तूटै नेह।

झूठे व्यक्ति का जब दूसरे झूठे व्यक्ति से मेल होता है तो उसमें संसार के प्रति मोह दृढ़ होता है। किंतु जब झूठे व्यक्ति को जगत् की असत्यता और ब्रह्म की सत्यता में निष्ठा वाला संत मिलता है, तभी संसार के प्रति उसकी आसक्ति नष्ट होती है।

102

तन कौ जोगी सब करैं, मन कौं बिरला कोइ।
सब सिधि सहजै पाइए, जे मन जोगी होइ।

शरीर पर योगियों की सी वेष-भूषा तो हर कोई धारण कर लेता है। परंतु सच्चे वैराग्य के द्वारा मन को कोई बिरला ही योगी बना पाता है। जिसका मन सच्चे योग को धारण कर लेता है, उसे सब प्रकार की सिद्धियाँ सहज ही प्राप्त हो जाती हैं।

103

तरवर तास बिलंबिए, बारह मास फलंत।
सीतल छाया गहर फल, पंषी केलि करंत।

उस वृक्ष का आश्रय लेना चाहिए, जो बारहों महीने हरा-भरा एवं फलवान् रहता है। ऐसे वृक्ष की शीतल छाया रहती है और उस पर खूब फल लगते हैं। उसमें पक्षी आनंद से क्रीड़ा करते रहते हैं।

104

तूँ-तूँ करता तूँ भया, मुझ मैं रही न हूँ।
वारी फैरी बलि गई, जित देखौं तित तूँ।

'तू ही' 'तू ही' का–अर्थात् ब्रह्म के अतिरिक्त और किसी की सत्ता नहीं है का–मनन और ध्यान करते-करते मुझमें अपना अहंभाव ही नहीं रहा। जीवात्मा कह रही है कि मैं भगवान् पर न्यौछावर होती-होती उसको समर्पित ही हो गई हूँ। अब तो जिधर देखती हूँ, उधर केवल वही दिखाई देता है। जैसे प्रेमी को सारा जगत् प्रियतम मय दीखता है, वैसे ही जीव को संपूर्ण जगत् ब्रह्ममय दिखाई देने लगता है।

105

दुनियां भाँडा दुक्ख का, भरी मुहांमुह भूष।
अदया अलह राम की, कुरहै ऊँणीं कूष।

यह संसार कुछ नहीं, केवल दु:खों का स्थान मात्र (पात्र) है, जो अभावों से पूर्णरूपेण भरा हुआ है। श्रेष्ठ राम की अकृपा से, अर्थात् परब्रह्म राम की कृपा के बिना यहाँ जो बड़े-बड़े कोषागार हैं, वे भी खाली रहते हैं।

106

नर-नारी सब नरक हैं, जब लग देह सकाम।
कहै कबीर ते रांम के, जै सुमिरैं निहकाम।

जब तक देह में वासना और इच्छा है तब तक सभी नर और नारी वास्तव में नरक-रूप हैं। जो निष्काम-भाव से भगवान् का स्मरण करता है, प्रेम के लिए ही प्रेम करता है, वही वस्तुत: भगवान् का प्रियजन है।

107

नाना भोजन स्वाद सुख, नारी सेती रंग।
बेगि छाड़ि पछिताइगा, ह्वै है मूरति भंग।

विविध प्रकार के सुस्वादु भोजनों का सुख एवं स्त्री के प्रेम का सुख, हे मनुष्य! तू इन दोनों का परित्याग कर दे अन्यथा जब इन्हीं-सुखों में रत रहने पर शरीर नष्ट हो जाएगा तो तू पछताएगा।

108

निंदक नेड़ा राखियै, आंगणि कुटी बँधाइ।
बिन साबण पांणीं बिना, निरमल करै सुभाइ।

अपने निंदक को अपने समीप ही, अपने आँगन में ही छप्पर डालकर रखना चाहिए। वह बिना साबुन और जल के व्यक्ति को सहज रूप में ही निर्मल कर देता है।

109

निस अँधियारी कारणैं, चौरासी लख चंद।
अति आतुर ऊदै किया, तऊ दिष्टि नहिं मंद।

अज्ञान की अँधेरी रात को प्रकाशित करने के लिए अनंत आतुरता से जीव ने चौरासी लाख योनि रूप चंद्रमा उदित कर लिए हैं, परंतु इस मंद-बुद्धि को दृष्टि प्राप्त नहीं हुई अर्थात् ज्ञान प्राप्त नहीं हुआ।

110

नैनं हमारे जलि गए, छिन-छिन लोड़ै तुझ।
नां तूं मिलै न मैं खुसी, ऐसी बेदन मुझ।

हे भगवान् हमारे नेत्र तम्हारे विरह में तप्त हो गए हैं और क्षण-क्षण तुम्हें खोज रहे हैं। पर हे भगवान्, न तुम मिले और न मेरा हृदय उल्लसित हआ। मुझे कितनी तीव्र वेदना है?

111

नैनां अंतरि आव तूँ ज्यूँ हौं नैन झपेउँ।
नां हौं देखौ और कूँ, नां तुझ, देखन देउँ।

हे प्रिय, तुम मेरे नेत्रों में समा जाओ और मैं तम्हारे वहाँ विराजने पर अपने नेत्रों को बंद कर लूँ, ताकि न तो मैं किसी अन्य को देखूँ और न तम्हें किसी अन्य को देखने दूँ।

112

नैंना अंतरि आचरूं, निस दिन निरषौं तोंहि।
कब हरि दरसन देहुगे, सो दिन आवै मोंहि।

हे प्रभु! न जाने वह दिवस कब आएगा, जब मैं आपको नेत्रों के भीतर काजल के समान आंजकर अहर्निश आपका दर्शन-लाभ करूँगी। न जाने प्रभु आप कब दर्शन देकर मेरे लिए इस सौभाग्यशाली दिवस को बुलाओगे।

113

नैंनां नौझर लाइया, रहट बहैं निस जाम।
पपीहा ज्यूं पिव-पिव करौं, कबरु मिलहुगे राम।

मेरे नेत्रों से अहर्निश अश्रु-प्रवाह रहट की भाँति निरंतर गति से चलता रहता है और मैं हमेशा पपीहे की भाँति प्रिय का नाम रटती रहती हूँ। प्रियतम राम! तुम कब मिलोगे?

114

न्यंदक दूरि न कीजिए, दीजै आदर मान।
निरमल तन मन सब करै, बकि-बकि आंनहिं आंन।

अपने निंदक को दूर नहीं करना चाहिए। उसको आदर-सम्मान देना चाहिए। वह आत्मालोचन का भाव जगाकर मानव को शरीर और मन अर्थात् अपने बाह्य और आभ्यंतर सभी को निर्मल करने की प्रेरणा दे देता है।

115

परनारी कै राचणैं, औगुण है गुण नाँहिं।
षार समंद मैं मंछला, केता बहि-बहि जांहिं।

दूसरे की स्त्री के प्रेम में दोष ही दोष हैं, गुण या लाभ कुछ भी नहीं। वासना के इस आकर्षण-रूपी समुद्र में न जाने कितनी जीवरूपी मछलियाँ बह जाती हैं।

116

परनारी परसुंदरी बिरला बंचै कोइ।
खाताँ मींठी खाँड-सी, अंति कालि विष होइ।

दूसरे की स्त्री तथा दूसरे की प्रेमिका में अनुरक्त होने से कोई बिरला ही बचता है। वह खाने में अर्थात् भोग में खांड के समान मीठी अवश्य लगती है, परंतु उसका परिणाम विष रूप ही है।

117

परनारी राता फिरैं, चोरी बिढ़ता खांहिं।
दिवस चारि सरसा रहै, अंति समूला जांहि।

दूसरे की स्त्री से अनुराग करना, चोरी की कमाई खाना है। इसमें व्यक्ति चार दिन के लिए भले ही फलता-फूलता रहे, परंतु अंत में वह समूल नष्ट हो जाता है।

118

परबति-परबति मैं फिर्या, नैन गँवाये रोइ।
सो बूटी पाँऊँ नहीं, जातैं जीवनि होइ।

मैंने पर्वत-पर्वत छान डाला और नेत्र प्रिय के वियोग में रोते-रोते नष्ट कर बैठा, किंतु मैं कहीं भी वह संजीवनी बूटी अर्थात् ब्रह्म नहीं प्राप्त कर सका, जिससे जीवन सफल हो सके।

119

पांणी हीं तैं पातला, धूँवाँ हीं तैं क्षीण।
पवनाँ बेगि उतावला, सो दोस्त कबीरैं कीन्ह।

कबीर कहते हैं कि हमने ऐसा मित्र बनाया है, जो जल से भी पतला है, धूम से अधिक क्षीण है और जिसमें पवन से अधिक वेग है।

120

पांणी ही तैं हिम भया, हिम ह्वै गया बिलाइ।
जो कुछ था सोई भया, अब कछू कह्या न जाइ।

कबीर आत्मा और ब्रह्म का अद्वैत संबंध स्थापित करते हुए कहते हैं कि जिस प्रकार पानी से ही बर्फ बनती है और नष्ट होकर पुनः पानी के रूप में परिवर्तित हो जाती है, उसी प्रकार जीवात्मा ब्रह्म का ही अंश है और मृत्यु को प्राप्त होने पर पुनः उसी परमात्मा में लय हो जाता है।

121

पांहन कूँ का पूजिए, जे जनम न देई जाब।
आंधा नर आसामुषी, यौं ही खोवै आब।

पत्थर की पूजा करने से क्या लाभ है? यह पत्थर जन्मभर पूजने पर भी कभी किसी को कुछ कहता नहीं है। भक्त की प्रार्थना पर उत्तर नहीं दे पाता है। पर मानव आशाओं में फँसा हुआ अंधा हो गया है और इसी से व्यर्थ ही मूर्ति-पूजा में अपनी प्रतिष्ठा और शक्ति गँवा रहा है।

122

पांहण केरा पूतला, करि पूजै करतार।
इही भरोसै जे रहे, ते बूडे काली धार।

जो पत्थर की मूर्ति को ही सृष्टिकर्त्ता मानकर पूजता है, और इसी मूर्तिपूजा के बल पर अपने उद्धार की आशा करता है, वह संसार रूपी समुद्र की गहरी भयानक धार में डूब जाता है।

123

पारब्रह्म के तेज का, कैसा है उनमान।
कहिबे कूँ सोभा नहीं, देख्या ही परवान।

परमब्रह्म के प्रकाश का क्या अनुमान लगाया जा सकता है? उसका सौंदर्य वाणी का विषय नहीं। वह साक्षात् अनुभूति का ही विषय है।

124

पूत पियारो पिता कौं, गौहनि लागो धाइ।
लोभ मिठाई हाथि दे, आपण गयो भुलाइ।

पिता का प्रिय पुत्र दौड़कर उसके साथ हो लिया। पिता ने लोभ रूपी मिठाई उसके हाथ में दे दी। यह बालक उसी में रमकर अपने आपको भूल गया और उससे पिता का साथ छूट गया।

125

पोथी पढ़ि-पढ़ि जग मुवा, पंडित भया न कोइ।
ऐकै आषिर पीव का, पढ़ैं सु पंडित होइ।

यह सारा संसार इन पुस्तकों को पढ़ते-पढ़ते मर गया है, पर इनमें से कोई वास्तविक पंडित नहीं हुआ। जो अपने पति परमेश्वर के नाम का एक अक्षर भी पढ़ लेता है, वही उत्कृष्ट पंडित बन जाता है।

126

पोथी पढ़-पढ़ जग मुआ, पंडित भया न कोय।
ढाई आखर प्रेम का पढ़े सौ पंडित होय।

कबीर कहते हैं कि पोथी पढ़-पढ़कर अनेक लोग मर जाते हैं किंतु उन्हें ज्ञान उपलब्ध नहीं होता। जिसने प्रेम के ढाई अक्षर पढ़ लिए हैं, वही परम ज्ञानी हो जाता है।

127

प्रेम गली अति साँकरी, तामे दो न समाय।
जब मैं था तब हरि नहीं, जब हरि हैं मैं नाहिं।

प्रेम की गली अत्यधिक सँकरी है। वहाँ दो नहीं समा सकते (द्वैत भाव का प्रवेश वहाँ हो ही नहीं सकता)। जब तक मुझमें अहंकार विद्यमान था, तब तक ईश्वर वहाँ नहीं था और जबसे ईश्वर का प्रवेश हुआ है, मेरा अहंकार समाप्त हो गया है।

128

प्रेमी ढूँढ़त मैं फिरौं, प्रेमी मिलै न कोइ।
प्रेमी कौं प्रेमी मिलैं, तब सब विष अमृत होइ।

कबीर कहते हैं कि मैं भगवान् के प्रेमी को ढूँढ़ता फिरता हूँ; पर मुझे कोई सच्चा प्रेमी भी नहीं मिला। जब भगवान् के प्रेमी से प्रेमी मिलता है, तब यह विषय-वासनाओं का सारा विष अमृत में परिणत हो जाता है। क्योंकि उस समय ईश्वर-प्रेम का प्रवाह फूट पड़ता है।

129

प्रेम न खेतौं नींपजै, प्रेम न हाटि बिकाइ।
राजा-परजा जिस रुचे, सीस देइ लै जाइ।

प्रेम अत्यंत ही दुर्लभ वस्तु है। यह खेतों में पैदा नहीं होती है कि इसका बाहुल्य हो। यह सामान्यत: बाजार में बिकने वाली वस्तु नहीं है कि चाहे जो इसे खरीद ले। यह अमूल्य एवं दुष्प्राप्य वस्तु है। राजा-प्रजा में से जिस किसी को इसकी चाह होती है, उसे अपना सिर देकर (अपना अहं समर्पित करके) इसे लेना पड़ता है।

130

बिरह जलाई मैं जलौं, जलती जलहरि जाऊँ।
मो देख्यौ जलहरि जलै, संतौ कहाँ बुझाऊँ।

जीवात्मा कह रही है कि मैं विरह से जलाई हुई जल रही हूँ और इसी अवस्था में जल के स्थान पर अपनी आग बुझाने के लिए जाता हूँ तो वह जल का आगार भी मेरी आग से जलने लगता है। हे संतो, कहो अब यह आग कहाँ बुझाऊँ?

131

बिरह भुवंगम तन बसै, मंत्र न लागै कोई।
राम वियोगी ना जिवै, जिवै तो बौरा होइ।

विरह-रूपी सर्प हृदय में ही निवास करता है। वह निरंतर डसता रहता है। अब इस तन पर मंत्र आदि के उपचार नहीं चल सकते हैं। राम से वियुक्त जीव जी नहीं सकता है। अगर जीता है तो पागल ही रहता है। अर्थात् सांसारिक विषयों के ग्रहण की दृष्टि से पागल-सा हो जाता है।

132

बिरह भुवंगम पैसि करि, किया कलेजैं घाव।
साधू अंग न मोड़ही, ज्यूं भावै त्यूं खाव।

विरह रूपी सर्प ने शरीर में प्रवेश कर हृदय में घाव कर लिया है, किंतु इस वेदना से साधुजन विचलित नहीं होते। जैसे उसकी इच्छा होती है, उस रूप में उसे अपने को खाने देते हैं। भाव यह है कि साधक विरह की कठोर यातनाओं से पथ-विचलित नहीं होते।

133

बैद मुवा रोगी मुवा, मुवा सकल संसार।
एक कबीरा ना मुवा, जिनि के राम अधार।

वैद्य भी मर गया और रोगी भी मर गया। सारा संसार ही मर गया। कबीर कहते हैं कि केवल कबीर अथवा वह व्यक्ति अर्थात् भक्त जिसने भगवान् की शरण ली है, वह नहीं मरा।

134

भगति भजन हरि नाँव है, दूजा दुक्ख अपार।
मनसा बाचा कर्मनां, कबीर सुमिरण सार।

प्रभु-भक्ति और भजन जो कुछ भी है, वह उनका नाम-स्मरण ही है, इसके लिए जो अन्य साधन बताए गए हैं, वे अनेकानेक दु:खों से परिपूर्ण हैं। कबीर कहते हैं कि मन, वाणी और कर्म से प्रभु के नाम का स्मरण ही सर्वश्रेष्ठ है।

135

भारी कहौं तो बहु डरूँ, हलका कहूँ तो झूठ।
मैं का जानूं राम कूँ, नैनूं कबहूँ न दीठ।

कबीर कहते हैं कि परमात्मा को हलका कहूँ तो झूठ कह रहा हूँ, क्योंकि वह हलका नहीं है। वह भारी है। लेकिन भारी कहने से भी डर लगता है, क्योंकि वह क्षुद्र में भी छिपा हुआ है। वास्तविकता तो यह है कि मैं राम के विषय में कुछ भी नहीं जानता, क्योंकि मैंने अपनी आँखों से उसे कभी देखा ही नहीं है।

136

भूखा-भूखा क्या करैं, कहा सुनावै लोग।
भाँडा घड़ि जिनि मुख दिया, सोई पूरण जोग।

रे जीवन! 'भूखा हूँ'-'भूखा हूँ' की रट क्यों लगा रखी है? लोगों को क्यों सुना रहा है? जिसने इस शरीर रूपी घड़े को बनाया है, जिसने इसे मुख दिया है, वही घट और मुख को भरेगा भी।

137

मन कै मतै न चालिये, छांड़ि जीव की वांणि।

ताकू केरे सूत ज्यूँ, उलटि अपूठा आंणि।

कबीर कहते हैं कि हे साधक! तुझे मन के पीछे नहीं चलना चाहिए (मन की उमंगों के अनुसार आचरण नहीं करना चाहिए।) तू अपनी इस आदत को छोड़ दे। तू अपने आपको संसार से विरक्त करके ब्रह्म में उसी प्रकार लगा दे जिस प्रकार तकुए द्वारा काता गया कच्चा सूत फिर उसी में लपेट दिया जाता है।

138

मन जांणै सब बात, जाणत ही औगुण करै।

काहे की कुसलात, कर दीपक कूँवै पड़ै।

मन जानता तो सब-कुछ है, पर वह जान-बूझकर ही अनुचित काम करता रहता है। (विषय-वासनाओं के बंधन करने वाले स्वरूप से परिचित होते हुए भी मन का स्वभाव ही उनमें लिप्त हो जाने का है।) कुशल-क्षेम कैसे रह सकती है, जब दीपक हाथ में लेकर (मार्ग देखता हुआ भी स्वेच्छा से ही जानते हुए ही) भी मनुष्य कुएँ में गिर पड़ता है।

139

मन मथुरा दिल द्वारिका, काया कासी जाँणि।

दसवाँ द्वारा देहुरा, तामैं जोति पिछाँणि।

कबीर कहते हैं कि व्यर्थ इधर-उधर तीर्थों में भटकने की आवश्यकता नहीं है। मनुष्य का मन ही मथुरा है, हृदय द्वारिकापुरी है और उसके समस्त शरीर को ही काशी जानो, जिसमें ब्रह्मरंध्र ही मंदिर का द्वार है। वहाँ अपनी शक्तियाँ केंद्रित कर निरंजन पुरुष की ज्योति से साक्षात्कार करना ही उचित है।

140

मरते-मरते जग मुआ, औरस मुआ न कोय।

दास कबीरा यों मुआ, बहुरि न मरना होय।

कबीर कहते हैं कि मरते-मरते तो जग मरता रहता है, फिर भी कोई सम्यक् रूप से नहीं मरता। लेकिन कबीर तो ऐसा मरा कि फिर (दुबारा) मरना ही नहीं हुआ। अभिप्राय यह है कि इस तरह जीनां कि फिर जन्म न हो। इस प्रकार मरना कि फिर मृत्यु न हो। जन्म होगा तो मृत्यु होगी ही। जब पुनः जन्म ही न होगा तो पुनः मृत्यु भी न होगी।

141

माया की झल जग जल्या, कनक कांमणीं लागि।
कहु धौं किहि विधि राखियै, रुई लपेटी आगि।

कंचन और कामिनी के मोह में यह सारा संसार माया की अर्थात् विषय-भोगों की ज्वाला में जल गया है। कहां तो रुई में लिपटी आग को प्रज्वलित होने एवं उसे रुई को भस्म करने से कैसे रोका जा सकता है?

142

माया तजी तौ का भया, मानि तजी नहीं जाइ।
मानि बड़े मुनियर गिले, मानि सबनि कौं खाइ।

कबीर कहते हैं कि धन छोड़ दिया तो क्या हुआ? सम्मान की आकांक्षा तथा उससे प्रभावित होने की दुर्बलता तो छूटी नहीं। सम्मान और उसकी आकांक्षा से बड़े-बड़े मुनि भी नष्ट हो गए हैं। सम्मान की आकांक्षा से संपूर्ण जगत् ग्रसित है।

143

माया दीपक, नर पतंग, भ्रमि-भ्रमि इवै पड़ंत।
कहै कबीर गुर ग्यान थै (तै) एक-आध उबरंत।

माया रूपी दीपक के लिए नर पतंग रूप है। मानव-घूम-घूमकर अर्थात् अनेक योनियों में भटकता हुआ तथा अज्ञान में भूला हुआ इसी आग में ऐसे ही जलता है। बस, गुरु के ज्ञान से कोई एकाध्र ही इस आग से बच पाता है।

144

माया मुई न मन मुवा, मरि-मरि गया सरीर।
आसा-त्रिष्णाँ नाँ मुई, यौं कहि गया कबीर।

न माया (वासना) मरती है न मन ही। शरीर शक्तिहीन होकर मृतवत् हो जाता है परंतु आशा और तृष्णा बनी ही रहती है। उन्हीं वासनाओं के वशीभूत होकर शरीर जन्म-मरण में चक्कर काटता रहता है।

145

माला पहर्‌याँ कुछ नहीं, माती मन के साथि।
जब लग हरि प्रगटै नहीं, तब लग पड़ता हाथि।

अगर मन राग-द्वेष की कैंची चलाता रहे तो साधु वेश धारण करने के लिए माला पहनना व्यर्थ है। जब तक भगवान् अंत:करण में प्रकट नहीं होते (अर्थात् सच्ची भक्ति तथा जीवन की पवित्रता नहीं जागती) तब तक मनुष्य पर माया के हाथ पड़ते रहते हैं।

146

माला पहरैं मनमुषी, ताथैं कछू न होइ।
मन माला कौं फेरताँ, जग उजियारा सोइ।

व्यक्ति मन की वासनाओं की ओर उन्मुख रहकर माला पहनता है, उससे कुछ भी लाभ नहीं है। मन रूपी माला को फेरने से ही, व्यक्ति को परम तत्त्व का प्रकाश मिलता है।

147

माला पहर्‌याँ कुछ नहीं, गाँठि हिरद की खोइ।
हरि चरनूँ चित राखिये, तौ अमरापुर होइ।

माला पहनने से कुछ भी लाभ नहीं है। अपने हृदय की कुटिलता तथा संदेहों की गाँठ दूर करो। अगर भगवान् के चरणों में चित्त को लगा दोगे तो संसार ही स्वर्ग बन जाएगा।

148

माला पहरयाँ कुछ नहीं, भगति न आई हाथि।
माथौ मूँछ मुँडाइ करि, चल्या जगत कै साथि।

अगर भक्ति-भावना नहीं जागी तो माला पहनना व्यर्थ ही रहा। व्यक्ति सिर और मूँछों का मुंडन कराकर अर्थात् संन्यासी का वेश धारण करके भी भक्ति के अभाव में जगत् के साथ चलता रहता है। (अर्थात् वह भी विषयी संसार की तरह लोक-व्यवहार करता है।)

149

माषी गुड़ मैं गाड़ि रही, पंष रही लपटाइ।
ताली पीटै सिर धुनैं, मींठे बोई माइ।

मक्खी गुड़ में धँस गई है और उसके पंख उसके चेप से लिपट गए हैं। वह सिर धुनती है और हाथ मलती है, अब उसमें उड़ने की शक्ति नहीं रह गई है। रे सखी, मीठे ने उसे नष्ट कर दिया है।

150

मूरष संग न कीजिए, लोहा जलि न तिराइ।
कदली-सीप-भुवंग-मुषी, एक बूँद तिहुँ भाइ।

मूर्ख का संसर्ग नहीं रखना चाहिए। लोहा जल में नहीं तैर सकता है। (अर्थात् जैसे लोहे का आश्रय लेकर समुद्र पार करने की भावना वाला व्यक्ति डूबता है, वैसे ही मूर्ख के आश्रय से भी जीव संसार-समूह में डूबता ही है।) एक ही बूँद के कदली, सीप और सर्प के मुख में जाने से तीन भिन्न परिणाम होते हैं। (वह क्रमशः कपूर, मोती और विष में परिणत हो जाती है।)

151

मेरा मुझमें कुछ नहीं, जो कुछ है सो तोर।
तेरा तुझकौं सौंपता, क्या लागै है मोर।

हे भगवान्, मुझ (जीव) में मेरा अपना कुछ नहीं है, जो कुछ है वह सब तेरा ही है। प्रेम में तुझे मैं जो कुछ अर्पित कर रहा हूँ, वह सब तेरा ही है। अतः इसमें मुझे क्या आपत्ति हो सकती है? मुझे तो इसमें प्रसन्नता ही हो रही है।

152

मेरै मन मैं पड़ि गई, ऐसी एक दरार।
फाटा फटक पषाण ज्यूँ, मिल्या न दूजी बार।

कबीर कहते हैं कि मेरे मन में संसार से वैराग्य की एक ऐसी दरार पड़ गई है कि वह स्फटिक पाषाण-खंड की तरह अंत में फटकर जगत् से पूर्णतया अलग ही हो गया। उसके बाद वह फिर से सांसारिक विषयों में रमा ही नहीं।

153

मैं जांण्यूँ पढ़िबौ भलौ, पढ़िबा थै भलौं जोग।
रांम नांम सूँ प्रीति करि, भल-भल नींदौ लोग।

मैं समझता था कि पुस्तकों का पढ़ना अच्छा है। परंतु इस शुष्क शब्द-ज्ञान की अपेक्षा उस परमतत्त्व से योग प्राप्त करने की साधना कहीं अधिक अच्छी है। अत: हे जीव! राम के नाम से प्रेम कर, चाहे संसार इसके लिए तेरी निंदा ही करे।

154

मैं मैं बड़ी बलाइ है, सकै तौ निकसी भाजि।
कब लग राखौं हे सखी, रूई पलेटी आगि।

अहंकार एक बहुत बड़ा रोग है, जो मनुष्य को नाश की ओर ले जाता है। इसे दूर किया जा सकता है, अत: जल्दी-से-जल्दी इसका त्याग कर दो अन्यथा यह नाश करके रहेगा। रुई में लिपटी हुई अग्नि कुछ समय ही तक शांत रह सकती है, अंतत: तो वह लपटों में परिवर्तित होकर सबकुछ भस्मसात् कर देगी। इसी प्रकार यह अहंकार अधिक समय तक अपने विषाक्त प्रभाव को नहीं रोक सकता।

155

मैं मैं मेरी जिनि करैं, मेरी मूल बिनास।
मेरी पग का पैषड़ा, मेरी गल की पास।

हे मनुष्य! मैं-मैं अर्थात् अहंकार का दर्प क्यों प्रदर्शित करता है? यह अहंकार तो विनाश का मूल कारण है। यही अहंकार पैरों में पड़े हुए बंधन और गले में पड़े हुए फाँसी के फंदे के समान है।

156

यहु ऐसा संसार है, जैसा सैंबल फूल।
दिन दस के व्यौहार कौं, झूठे रंगि न भूलि।

यह संसार सेमर के फूल की तरह तत्त्वहीन, क्षण स्थायी एवं भ्रम में डालने वाला है। यह जगत् दस दिन का व्यवहार है। इस संसार के क्षणिक एवं झूठे आकर्षण में जीव को अपना वास्तविक स्वरूप नहीं भूलना चाहिए।

157

यहु तन काचा कुंभ है, चोट चहूँ दिसि खाइ।
एक राम के नाँव बिन, जदि तदि प्रलै जाइ।

यह शरीर कच्चा घड़ा है। इस पर चारों ओर से माया, मोह और कर्म की चोट लग रही है। राम-नाम के अभाव में यह शरीर चाहे जब नष्ट हो जाएगा।

158

यहु तन जालौं मसि करूँ, ज्यँ धूवाँ जाइ सरग्गि।
मति वै राम दया करै, बरसि बुझावै अग्गि।

मैं इस शरीर को जलाकर इस प्रकार भस्म कर दूँ कि इसके जलने का धुआँ स्वर्ग तक पहुँच जाए। संभव है कि भगवान् दया करके स्नेह की वर्षा से मेरी विरहाग्नि को बुझा दें।

159

यहु तन जालौं मसि करों, लिखों राम का नाउँ।
लेखणि करौं करंक की, लिखि-लिखि राम पठाउँ।

मैं इस शरीर को जलाकर स्याही बना लूँगी और अपने इस नर-कंकाल की लेखनी तैयार करूँगी। बस इसी से लिख-लिख कर राम को प्रेम का संदेश भेजती रहूँगी।

160

यहु सब झूठी बंदिगी, बरियाँ पंच निवाज।
साचै मारै झूठ पढ़ि, काजी करै अकाज।

हे काजी! तू दिन में पाँच-पाँच बार नमाज पढ़ता है, यह पूजा तो निरर्थक है क्योंकि तू हमेशा सत्य को नष्ट कर झूठी प्रार्थना को महत्त्व देता है, तू ऐसा निंदनीय कर्म क्यों करता है? भाव यह है कि काजी! तेरी पूजा-प्रार्थना सत्य पर आधारित होनी चाहिए, तू नमाज की उन आयतों का पालन कर, तभी पूजा सच्ची है।

161

राता माता नाम का, पीया प्रेम अघाय।
मतवाला दीदार का, माँगे मुक्ति बलाय।

कबीर कहते हैं कि जो उस परमात्मा के प्रेम-रस में मस्त हो गया, जिसने प्रेम-रस को छककर पी लिया, ऐसा परमात्मा के दर्शन से मस्त हुआ प्राणी मोक्ष की कामना ही नहीं करता। बला से उसे मुक्ति मिले या न मिले।

162

राम नाम जाण्यां नहीं, पाल्यो कटक कुटंब।
धंधा ही में मरि गया, बाहर हुई न बंब।

हे मानव, राम के नाम को तो तूने जाना ही नहीं। तू अपने कुटुंब की सेना को ही पालता रहा। धंधा करता हुआ (अर्थात् निजी स्वार्थ के सांसारिक कार्य करता हुआ) ही मर गया। इससे परलोक में तेरा यशोगान नहीं हो सका।

163

राम नाम जाण्यौं नहीं, लागि मोटी षोड़ि।
काया हाँड़ी काठ की, ना ऊँ चढ़े बहोड़ि।

अज्ञानी मानव, तूने इस जन्म में राम-नाम को जाना नहीं। तुझे बहुत बड़ा दूषण लग गया है, यह शरीर काठ की हँडिया के समान है। उसे आग पर बार-बार नहीं चढ़ा सकते हैं।

164

राम नाम सब कोउ कहै, कहिबे बहुत बिचार।
सोइ रांम सती कहै, सोइ कौतिगंहार।

राम-नाम का उच्चारण तो बहुत से लोग करते हैं, पर कहने-कहने में बहुत अंतर है। अनन्य प्रेम वाली सती तथा सत्यनिष्ठ संत भी वही राम-नाम कहते हैं और बहुरुपिया ढोंगी भी। ढोंगी कीर्तन के तमाशे का आनंद लेता है, संत और सती की तरह नाम के मूल तत्त्व में मग्न नहीं होता। जो नाम का स्मरण इस मूल तत्त्व के साक्षात्कार सहित करता है, वही सती और संत है।

165

राम पियारा छांड़ि करि, करै आन का जाप।
बेस्यां केरा पूत ज्यूँ, कहैं कौन सूँ बाप।

जो परम प्रेमास्पद भगवान् को छोड़कर अन्य देवताओं को जपता है, वह अनेक का भक्त होने के कारण वेश्या के पुत्र के समान है। वह किसी को भी अपना पिता नहीं कह सकता है।

166

लंबा मारग दूरि घर, विकट पंथ बहु मार।
कहौ संतो क्यूँ पाइये, दुरलभ हरि दीदार।

ब्रह्म तक पहुँचने का मार्ग बहुत लंबा है। (क्योंकि अनेक जन्मों के बाद मुक्ति प्राप्त होती है।) द्वैत-भावना, अज्ञान, विक्षेप, संशय आदि के अनेक व्यवधान बीच में आते हैं। अतः रास्ता भी अत्यंत दुर्गम है। रास्ते में काम, क्रोध, लोभ आदि अनेक डाकू हैं। हे संतो, इस प्रकार के अत्यंत दुर्लभ हरि-दर्शन को जीव सरलता से कैसे प्राप्त कर सकता है?

167

लूटि सकै तौ लूटियौ, राम नाम भंडार।
काल कंठ तै गहैगा, रूधै दसूँ दुबार।

रामनाम के स्मरण का यह अक्षय भंडार लूट सको तो लूट लो। (इस प्रकार इस पर अपना अधिकार कर लो।) फिर मृत्यु गले से दबोच ही लेगी और शरीर के दसों द्वार बंद हो जाएँगे। उस समय राम का स्मरण कौन करेगा? और कैसे करेगा?

168

लूटि सकै तो लूटियौ, राम नाम है लूटि।
पीछे ही पछिताहुगे, यहु तन जैहि छूटि।

सब जगह रामनाम की लूट मची हुई है। अगर सामर्थ्य और सद्बुद्धि है तो ऐसे स्वर्ण अवसर को छोड़ो मत, अन्यथा इस मानव-शरीर के छूटने पर पश्चात्ताप करना पड़ेगा।

169

विरह भुवंगम तन बसै, मंत्र न लागै कोइ।
राम बियोग ना जीवै, जिवै तौ बौरा होइ।

विरह रूपी सर्प ने इस शरीर को अपना निवास-स्थान बना लिया है उस पर कोई मंत्र (युक्ति) अपना प्रभाव नहीं डाल पा रहा है—उसको बाहर निकालने के लिए प्रयुक्त समस्त मंत्र असफल हो चुके हैं। यह निश्चय है कि राम का विरही अधिक समय तक जीवित नहीं रहता है और यदि जीवित रहता है तो पागल होकर ही।

170

विषै कर्म की केंचुली, पहरि हुआ नर नाग।
सिर फोड़ै सूझै नहीं, कोउ आगिला अभाग।

विषय-वासना की केंचुली पहिनकर मनुष्य सर्प के समान बन गया है। अनेक प्रकार से प्रयास करता है और जीवन का मार्ग ढूँढ़ने के लिए प्रयत्न करता है परंतु वासना में अंधा होने के कारण उसे मार्ग सूझता नहीं (अर्थात् इसे ईश्वर-प्रेम का रास्ता नहीं दिखाई देता है।) यह इस जीव के पूर्व जन्म के पापों का ही परिणाम है।

171

संत न छाड़ै संतई, जे कोटिक मिलैं असंत।
चंदन भुवंगा बैठिया, तउ सीतलता न तजंत।

संत अपने साधु स्वभाव को नहीं छोड़ता है चाहे उसे कितने ही असंतों का मुकाबला करना पड़े। चंदन से अनेक सर्प लिपटे रहते हैं फिर भी वह अपनी शीतलता का परित्याग नहीं करता है।

172

संत न बांधै गांठडी, पेट समाता लेइ।
सांई सूं सनमुष रहै, जहाँ माँगै तहाँ देइ।

कबीर कहते हैं कि संत अपनी आवश्यकता के अनुरूप ही सामग्री लेते हैं। वे संचय के लिए गठड़ी नहीं बाँधते। भगवान् हमेशा उसके सम्मुख रहता है और जब भी मनुष्य उनसे माँगता है, वे उसे खाने के लिए दे देते हैं।

173

सतगुर ऐसा चाहिए, जैसा सिकलीगर होइ।
सबद मसकला फेरि करि, देह द्रपन करै सोइ।

कबीर का कथन है कि गुरु को सिकलीगर के समान होना चाहिए जो तत्त्व-ज्ञान के प्रतिपादक शब्दों के मसकले (शान रखने का चक्र) पर रगड़कर मुमुक्षु शिष्य के अंत:करण को दर्पण के समान चमका दे।

174

सतगुरु की महिमा अनँत, अनँत किया उपगार।
लोचन अनँत उघाड़िया, अनँत दिखावणहार।

गुरु की महिमा अपार है। उसके द्वारा किए गए उपकारों की कोई सीमा नहीं है। उसने मेरे अनंत ज्ञान-चक्षु खोल दिए हैं और इस प्रकार वे मुझे निरंतर परमब्रह्म का साक्षात्कार कराने वाले हैं।

175

सतगुर के सदकै करूं, दिल अपणीं का साछ।
कलियुग हम स्यूं लड़ि पड्या, मुहकम मेरा बाछ।

मैं सद्गुरु पर प्राणपण से न्यौछावर हूँ एवं अपने हृदय को साक्षी करके कहता हूँ कि कलिकाल अर्थात् विविध मायामोह के प्रपंच मुझसे जूझ रहे हैं, पापों का और मन का संघर्ष चल रहा है, किंतु शक्ति-संपन्न गुरुवर मेरे रक्षक हैं, अत: पाप-पुंज मुझे परास्त नहीं कर सकते।

176

सतगुरु बपुरा क्या करै, जे सिषही मांहै चूक।
भावै त्यूं प्रभोधि ने, ज्यूँ बंसि बजाई फूक।

अगर शिष्य में ही कमी है तो बेचारा सद्गुरु ही क्या कर सकता है? उसे चाहे जिस प्रकार समझा दो, उस पर कोई स्थायी प्रभाव नहीं होता। जैसे वंशी में फूँक मारने से वह बजने लगती है, परंतु उसमें स्वर स्थायी नहीं होते, बजाने वाले अपने-अपने अनुकूल उसे बजा लेते हैं। वैसे ही व्यक्तित्व-शून्य शिष्य भी कभी एक के उपदेश पर चलता है, कभी दूसरे के।

177

सतगुर मार्‌या बाण भरि, धरि करि सूधी मूठि।
अंगि उघाड़ै लागिया, गई दवा सूं फूटि।

सद्‌गुरु ने साधक के ऊपर यह उपदेश-बाण पूर्ण शक्ति से खींचकर एवं मूठ को लक्ष्य की ओर साधकर मारा, जिससे दावाग्नि-सी फूट पड़ी। समस्त वासना, माया आदि जल-जलकर क्षार होने लगे एवं साधक शरीर के वस्त्र, माया आदि आवरण उतारकर फेंकने लगा। तात्पर्य यह है कि उसका वस्तुस्थिति से साक्षात्कार हो गया।

178

सतगुरु लई कमांण करि, बाँहण लागा तीर।
एक जु बाह्या प्रीति सूं, भीतरि रह्या सरीर।

सद्‌गुरु ने हाथ में धनुष धारण कर लिया एवं तीरों की वर्षा करने लगे अर्थात् प्रयत्नपूर्वक शिष्य को उपदेश देना आरंभ कर दिया। इन उपदेश के बाणों में एक बाण इस प्रकार प्रेमपूर्वक चलाया, जिसने अंतर को बेधकर हृदय में घर कर लिया।

179

सतगुरु साँचा सूरिवाँ, तातैं लोहि लुहार।
कसणी दे कंचन किया, ताइ लिया ततसार।

सद्‌गुरु सच्चा वीर है। जैसे गर्म लोहे के लिए लुहार है, वैसे ही वैराग्य की अग्नि में तपे हुए शिष्य के लिए गुरु है। कसाव का पुट लगाकर एवं तप्त लोहे की तरह अग्नि में डाल-डालकर तथा पीट-पीटकर गुरु भी शिष्य को कंचन बना देता है, अर्थात् उसे ज्ञान की अग्नि में तपाकर उसके वास्तविक स्वरूप को माया के विजातीय तत्त्व से पृथक कर देता है।

180

सतगुर हम सूं रीझि करि, एकै कह्या प्रसंग।
बरस्या बादल प्रेम का, भीजि गया सब अंग।

सद्‌गुरु ने हमसे प्रसन्न होकर प्रभु-भक्ति की ऐसी मनोरम चर्चा छेड़ी कि प्रेम का बादल बरस गया, जिससे शरीर का अंग-प्रत्यंग उस प्रेम-जल से सिक्त हो गया।

181

सहज-सहज सब कोउ कहै, सहज न चीन्हैं कोइ।
जिन्ह सहजै विषिया तजी, सहज कहजै सोइ।

'सहज' 'सहज' कहकर उसकी बात तो सब करते हैं, पर वास्तव में उस सहज के स्वरूप को कोई पहचानता नहीं है। जो व्यक्ति सहज रूप में ही, स्वभावत: विषयों की आसक्ति छोड़ देता है, वही वास्तव में 'सहज' अवस्था को प्राप्त होता है।

182

सहज-सहज सब कोउ कहै, सहज न चीन्हैं कोइ।
जिन्ह सहजैं हरिजी मिलैं, सहज कहीजै सोइ।

संसार में सब सहज-सहज पुकारते हैं किंतु वास्तविक 'सहज' (प्रभु) को कोई नहीं पहचान सका। जिस व्यक्ति को सुगमता से प्रभु मिल जाएँ, वही 'सहज साधक' है।

183

सहज-सहज सब कोउ कहै, सहज न चीन्हैं कोइ।
पाँचू राखै, परसती, सहज कहीजै सोइ।

सब व्यक्ति 'सहज' प्रभु और 'सहज-साधना' की पुकार लगाते हैं किंतु उसे वास्तविक अर्थों में पहचानता कोई नहीं। कबीर के दृष्टिकोण में जो व्यक्ति पाँचों इंद्रियों को अपने नियंत्रण में रखे, उसे ही 'सहज साधक' कहा जा सकता है।

184

सांई मेरा बांणियाँ, सहंजि करै व्यौपार।
बिन डांडी, बिन पालड़ै, तोलै सब संसार।

कबीर कहते हैं कि मेरा स्वामी (प्रेम का) व्यापार करनेवाला सच्चा व्यापारी है। तराजू के बिना ही समस्त संसार से इस व्यापार की तौल कर रहा है।

भाव यह है क जिस प्रकार सच्चा व्यापारी धन के बदले उतने ही मूल्य की वस्तु देता है, उसी प्रकार प्रभु से जो जितना अधिक प्रेम करता है, उस पर वह उतनी ही कृपा-दृष्टि रखता है।

185

साईं सूँ सब होत है, बंदै थै कुछ नांहि।
राई थै परबत करै, परबत राई मांहि।

भगवान् सर्वशक्तिमान है। उसके करने से ही सब कुछ होता है, मनुष्य के करने से कुछ भी नहीं। भगवान् सब असंभवों को संभव कर देते हैं। राई से पर्वत कर देते हैं और पर्वत को राई में विलीन कर देते हैं।

186

सात समंद की मसि करौ, लेखनि सब बनराइ।
धरती सब कागद् करौं, तऊँ हरि गुणं लिख्या न जाइ।

सातों समुद्रों को स्याही में तथा संपूर्ण वनों की लकड़ियों को कलम में परिणत कर लिया जाए और संपूर्ण धरती रूपी काग़ज़ पर भगवान् के गुणगान लिखे जाएँ, तब भी उनके पूरे गुण नहीं लिखे जा सकते हैं।

187

सीतलता तब जांणियें, सुमिता रहै समाइ।
पष छाड़ै निरपष रहै, सबद त दूष्या जाइ।

कबीर कहते हैं कि 'मैं' और 'तू' रहित समदृष्टि आने पर ही मनुष्य का स्वभाव शांतिपूर्ण बन सकता है। अपनत्व छोड़कर निष्पक्ष रहने से किसी की (बुरी) वाणी भी असह्य नहीं लगती।

188

सुखिया सब संसार है, खायै अरु सौवे।
दुखिया दास कबीर है, जागै अरु रौवे।

सारा विषयी संसार सुखी है, खाता है और सोता है। केवल विरही कबीर दु:खी है, जो जागता है और विरह में रोता है। क्योंकि उसे विषयों से वैराग्य है और प्रेम-रस की प्यास है।

189

सूरा तबही परषिये, लड़ै धणीं कै हेतु।
पुरिजा-पुरिजा ह्वै पड़ै, तऊ न छाड़ै खेत।

शूरवीर की परीक्षा उस समय होती है, जब वह अपने स्वामी के लिए लड़ता है। उस समय उसके अंग-अंग कट जाते हैं, परंतु वह फिर भी युद्ध-क्षेत्र नहीं छोड़ता है।

190

सेष सबूरी बाहिरा, क्या हज कावै जाइ।
जिनकी दिल स्याबति नहीं, तिनकौं कहाँ खुदाइ।

हे शेख! तू संतोष से तो बहुत दूर है फिर भला तुझे हज और काबा-दर्शन से शांति कैसे मिल सकती है? जिनका हृदय सच्चा नहीं है, उन्हें ईश्वर कहीं भी प्राप्त नहीं हो सकता।

191

हम घर जाल्या आपणाँ, लिया मुराड़ा हाथि।
अब घर जालौं तास का, जे चलै हमारे साथि।

मैंने अपना घर जला दिया है और ज्ञान की मशाल लेकर साधना-पथ में बढ़ रहा हूँ। अब मैं उसका इस संसार से संबंध-विच्छेद कर घर फूँक दूँगा, जो मेरे साथ चलने के लिए प्रस्तुत हो। अर्थात् वही व्यक्ति मेरे साथ चल सकता है, जो संसार के विषयों का पूर्णरूप से परित्याग कर दे।

192

हँसै न बोलै उनमनीं, चंचल मेल्ह्या मारि।
कहे कबीर भीतरि भिद्या, सतगुर कै हथियारि।

योग की उन्मन दशा का वर्णन करते हुए कबीर कहते हैं कि मन की चंचल वृत्तियों को समाप्त कर सद्गुरु के उस उपदेश के (प्रेम) बाण ने हृदय को बेध दिया। परिणामस्वरूप शिष्य न हँसता है और न बोलता है अर्थात् सांसारिक हास-विलास तथा राग-विराग से मुक्त हो गया है।

193

हम देखत जग जात है, जप देखता हम जांह।
ऐसा कोई नां मिलै, पकड़ि छुड़ावैं बांह।

हम देखते हुए संसार काल के मुख में जा रहे हैं और संसार के देखते हुए हम वहाँ से चले जाएँगे। ऐसा कोई गुरु नहीं मिला, जो काल से बाँह छुड़ाकर हमें मुक्त कर लेता।

194

हम भी पांहन पूजते, होते रन के रोझ।
सतगुरु की किरपा भई, डार्‌या सिर थे बोझ।

कबीर कहते हैं कि हम पर सतगुरु की कृपा हो गई है। इससे हमने अंधविश्वासों के बोझ को अपने सिर से पटक दिया है अन्यथा हम भी उनमें फँसे हुए पत्थर की पूजा करते और जलहीन सूखे जंगल की नीलगाय की तरह भ्रष्ट एवं अनुपयोगी होकर भटकते फिरते।

195

हरि मोत्यां की माल है, पोई काचै तागि।
जतन करी झंणां घंणां, टूटैगी कहूँ लागि।

कबीर कहते हैं कि प्रभु मोतियों की उस माला के समान है, जो कच्चे धागे में पिरोई गई है। यदि इसे शास्त्रादि के चक्कर में पड़कर सुरक्षित रखने की सोचोगे तो यह उलझकर गुत्थी बन जाएगी और संभव है कि टूट भी जाए।

भाव यह है कि प्रभु भक्ति से प्राप्य एवं तर्क से अप्राप्य है। हो सकता है कि तर्क आपकी ईश्वर-संबंधी आस्था को ही निर्मूल कर आपको नास्तिक रूप में परिवर्तित कर दे।

196

हरि-रस पीया जांणिये, जै कबहू न जाइ खुमार।
मैमंता घूंमत रहै, नांही तन की सार।

ब्रह्मानंद की मदिरा का पान उसी ने किया समझो, जिसका नशा कभी नहीं उतरता। यह रंग ही ऐसा है, जिस पर दूसरा रंग नहीं चढ़ता। वह तो मदमस्त हाथी के समान इधर-उधर घूमता है तथा उसे अपने शरीर की सुधि नहीं रहती।

197

हाड़ जलै ज्यूं लाकड़ी, केस जलैं ज्यूं घास।
सब तन जलता देखि करि, भया कबीर उदास।

मृत्यु हो जाने पर इस शरीर का कोई उपयोग नहीं। मृतक की हड्डियाँ लकड़ी के समान एवं सुंदर केश-राशि घास के समान जल जाती है। इस समस्त शरीर को जलता देखकर कबीर इस निष्कर्ष पर पहुँचा कि जीवन में कुछ नहीं है, अत: वह इससे विरक्त (प्रभु-भक्ति में प्रवृत्त हो) गया है।

198

हिरदा भीतरि दौं बलै, धुँवा न परगट होइ।
जाकै लागी सो लखै, कै जिहि लाई सोइ।

विरही के हृदय में अग्नि जलती है, परंतु उसका धुआँ तक बाहर प्रकट नहीं होता है। उस अग्नि का ज्ञान या तो उसे होता है, जिसके हृदय में यह लगी है या उसे, जिसने यह आग लगाई है।

199

हेरत-हेरत हे सखी, रह्या कबीर हिराइ।
बूँद समाणी समंद में, सो कत हेरी जाइ।

हे सखि, अपने आत्मस्वरूप को खोजते-खोजते कबीर स्वयं खो गया है। जो बूँद समुद्र में मिल गई है, जिसका अब पृथक् अस्तित्व नहीं रह गया है, वह भला कैसे खोजी जा सकती है?

200

हेरत-हेरत हे सखी, रह्या कबीर हिराइ।
समंद समाणा बूँद में, सो कत हेर्‌या जाइ।

हे सखि! परमात्मा को खोजते हुए कबीर स्वयं ही खो गया है। समुद्र बूँद में समा गया है। अब उसका पृथक् बोध कैसे संभव है? (जब जीवात्मा और परमात्मा में अभेद हो जाता है, तब परमात्मा का पृथक् बोध नहीं रहता?